Dr. Gabriele Reckinger, Dipl.-Kfm., ist seit 30 Jahren als Wirtschafts- und Finanzjournalistin tätig. Sie war fast zehn Jahre Redakteurin des Handelsblatts (stv. Ressortleitung Geld und Kredit) und arbeitete als freie Autorin für Handelsblatt, Wirtschaftswoche, VDI-Nachrichten und Stuttgarter Zeitung.
Sie ist zudem Autorin und Co-Herausgeberin des *Handbuchs Finanzjournalismus*, UVK Verlag Konstanz 2011.

Gabriele Reckinger

GOLD-INVESTMENT
WAS EIN PRIVATANLEGER WISSEN MUSS

Alle wichtigen Fakten
Antworten auf kritische Fragen

Vierte, vollständig aktualisierte und überarbeitete Auflage

ISBN 978-3-752805581

© Gabriele Reckinger, Tübingen 2018

Kontakt: reckinger-kroeger@t-online.de   info@private-gold-investment.de

Das Werk einschließlich all seiner Teile ist urheberrechtlich geschützt. Jede Verwertung, die nicht ausdrücklich vom Urhebergesetz zugelassen ist, ist ohne vorherige Zustimmung des Autors unzulässig und strafbar. Das gilt insbesondere für Vervielfältigungen, Bearbeitungen, Übersetzungen, Mikroverfilmungen und die Einspeicherung und Verarbeitung in elektronischen Medien.

Die Wiedergabe von Gebrauchsnamen, Handelsnamen, Warenbezeichnungen usw. in diesem Werk berechtigt auch ohne besondere Kennzeichnung nicht zu der Annahme, dass solche Namen im Sinne der Warenzeichen- und Markenschutz-Gesetzgebung als frei zu betrachten wären und daher von jedermann benutzt werden dürften.

Die Autoren gehen davon aus, dass die Angaben und Informationen in diesem Werk zum Zeitpunkt der Veröffentlichung korrekt sind. Die Autoren übernehmen, ausdrücklich oder implizit, keine Gewähr für den Inhalt des Werkes, etwaige Fehler oder Äußerungen.

Das Werk stellt keine Anlage-Beratung dar und gibt auch keine Empfehlungen zum Kauf oder Verkauf von Gold oder irgendwelcher Finanzprodukte.

Titelfoto: Deutsche Bundesbank

Herstellung und Verlag: BoD-Books on Demand, Norderstedt

Inhalt

Vorwort   1

Einleitung   4

Die Nachfrage nach Gold   7

    1. Wer kauft Gold?......................... 7
    2. Wie hoch ist die Nachfrage nach Barren, Münzen und Schmuck?............. 10
    3. Wieviel Gold benötigt die Industrie?............ 14
    4. Wieviel Gold wird wiedergewonnen?............ 16

Das Angebot von *neuem* Gold   19

    5. Woher kommt neues Gold?............ 19
    6. Wie teuer ist Mining heute?............ 25
    7. Wer sind die Big Player im Gold-Bergbau?........ 32

Gold zur privaten Geld- und Kapitalanlage   35

    8. Welche Auswahl besteht?............ 35
       ❖ Physisches Investment: Barren und Münzen............ 35
       ❖ Nicht-physisches Investment: Wertpapiere mit und ohne Lieferanspruch............ 44
    9. Welche Rendite liefert Gold?............ 46
    10. Wie wird Gold besteuert?............ 50
    11. Wie ist Gold auf seriösem Weg zu kaufen?........ 52
    12. Ist der Goldpreis vorherzusagen, gibt es Ober- und Untergrenzen?............ 55
    13. Wer nimmt Einfluss auf die Preisentwicklung?.... 62
    14. Welche Rolle spielt das Londoner Gold Fixing?.. 66
    15. Wo lagern Goldbarren am besten?............ 69

Gold an der Börse   **72**

    16. Gold-Wertpapiere für den Privatinvestor? 72

    17. Sind Gold-Zertifikate für Privatanleger geeignet? 76

    18. Was sind Gold-ETC? 81

    19. Investmentfonds in Goldaktien? 86

    20. Ein Indexfonds oder ETF in Gold? 88

    21. Termingeschäft in Gold, auch für Privatanleger?.. 91

Gold im Währungssystem   **96**

    22. Wieviel Gold halten Notenbanken? 96

    23. Wann verändern Notenbanken ihre Goldreserven?103

    24. Was versteht man unter dem Goldstandard? 108

Die Psychologie des Goldes   **113**

    25. Stimmen die üblichen Kaufargumente? 113

        ❖ Gold ist ein Inflationsschutz 113

        ❖ Gold ist wertbeständig 116

        ❖ Gold ist krisenfest 117

        ❖ Gold ist ein langfristiges Investment 118

In aller Kürze – ein Fazit   **120**

Anhang   **123**

    Steckbrief Gold 123

    Maße und Gewichte 125

    Die Goldpreisentwicklung 127

    Verzeichnis der Tabellen und Grafiken 127

    Weiterführende Literatur 131

    Index 136

Goldbarren der Bundesbank (Foto Bundesbank)

> Auri sacra fames!
> *Vergil (70-19 v.Chr.) beklagt die
> verwünschte Goldgier in ‚Äneis' (III,57)*

> Nach Golde drängt, am Golde hängt doch alles.
> *Goethes Faust (I), Szene ‚Abend'*

Vorwort

Gold liebt schlechte Nachrichten an den Finanzmärkten. Sobald es dort sehr hektisch und irrational wird, gar ernste Verluste drohen, wird ein sicherer Hafen gesucht, wo man beruhigt ankern und warten kann. Viele Privatanleger folgten diesem populären Verhalten und tauschten nach der Finanzkrise 2008 ihr Bargeld in Gold. Ähnliches passierte während der Eurokrise und der Verschnaufpause in der Aktien-Rallye, die zeitlich zufällig mit der Flüchtlingskrise zusammenfiel. Haben sie klug und weitsichtig gehandelt? Das könnte man meinen, schließlich diente Gold über Jahrhunderte als hartes Währungsmetall – Goldmünzen zeugen davon. Auf Bewährtes vertrauen, Geldvermögen in Edelmetall parken, die Ängste vor einer ungewissen wirtschaftlichen und politischen Zukunft beruhigen, das erscheint überaus vernünftig.

Doch was sagen die Fakten, können sie dieses allzu menschliche Verhalten wirklich stützen? Die atemberaubende zehnjährige Goldpreis-Rallye, die 2013 zu Ende ging und Höchststände über 1800 US-Dollar je Feinunze erreichte, vermittelte selbst zögerlichen Anlegern den Eindruck, mit Gold könne man schnell und leicht Geld verdienen.

Ist der Privatanleger also gut beraten, in Gold zu investieren? Wie sind die aktuellen Entwicklungen am Goldmarkt einzuordnen und zu bewerten? Wie wird es mit dem Goldpreis weiter gehen?

Auf alle wichtigen Fragen *vor* der Goldanlage gibt es Antworten; die meisten bedienen jedoch vor allem die Emotionen, die Gold automatisch weckt: Gold ist sicher und werthaltig, solide und schön anzusehen, hat sich über lange Zeit als Geldanlage bewährt, ist selten und unzerstörbar.

Reicht das Vordergründige und allzu Plausible tatsächlich aus, um eine bewusste Entscheidung für oder gegen ein Gold-Investment zu treffen? Ist es nicht sinnvoller und rationaler, zunächst die Fakten abzuprüfen, bevor man Euros oder Dollars in Feinunzen von Gold tauscht? Dieses Buch möchte dem interessierten Privatinvestor genau bei diesem ersten großen Schritt behilflich sein. Die wohlklingen Aussagen zu den Vorzügen von Gold aus den gängigen Hochglanz-Broschüren und Internet-Angeboten werden daher ausgeklammert. Stattdessen stehen Daten und Fakten in kompakter Form bereit, die diesem Rohstoff aus der Erdkruste und seiner Doppelrolle als weltweit begehrtes Anlagegut gerecht werden.

Die fundierten Antworten auf 25 wichtige Fragen wollen eine Lücke der neutralen Information für eine persönliche Bewertung schließen, frei von wirtschaftlichen Interessen und ohne jegliche Empfehlungen. Denn die Entscheidung für oder gegen Gold hängt im Einzelfall auch stark von der ganz persönlichen Lebenssituation ab, die zusätzlich zu den Daten und Fakten ins Gewicht fällt.

Das Werk orientiert sich an der Intuition des kritisch denkenden Privatanlegers. Jede Frage-Antwort-Einheit ist eigenständig; es ist nicht zwingend nötig, sich von vorne nach hinten ‚durchzuarbeiten'. Die Lektüre soll Spaß machen, daher kann man sich interessierende Frage nach Laune herauspicken. Kleinere Redundanzen sind dadurch allerdings unvermeidlich.

Zum Schluss möchte ich mich herzlich bedanken bei allen helfenden Händen und klugen Köpfen, die mich unterstützt haben. Besonders danken möchte Dr. Dr. Bernd Kröger für seine Antworten zu den Fragen fünf bis sieben. Er hat sehr viele Jahres- und Quartalsbilanzen der großen Goldminengesellschaften eingehend analysiert und leserverständlich aufbereitet. Ein herzlicher Dank geht an Isabel Reckinger, die mit ihren geowissenschaftlichen Fachkenntnissen eine wichtige Gesprächspartnerin war. Sie hat sich auch um das Layout verdient gemacht und das grafische Material aufbereitet.

Eine unverzichtbare Quelle für Zahlen, Statistiken und Einschätzungen zum aktuellen Geschehen auf den Goldmärkten sind die Berichte des World Gold Council und die regelmäßigen Analyseberichte von Thomson Reuters im GFMS Gold Survey, worauf die gesamte Goldbranche zurückgreift.

Zahlen können schnell veralten, daher stehen die jeweils aktuellsten Kennzahlen zur Entwicklung der Bergbaugesellschaften mit eigenen Goldminen (Fragen 5 bis 7) auch auf unserer Webseite www.private-gold-investment.de bereit. Anregungen und Fragen des geneigten Lesers sind herzlich willkommen.

Tübingen, im Mai 2018   *Gabriele Reckinger*

Einleitung

In der Finanzkrise 2008, als Banken im In- und Ausland unerwartet hohe Risiken in ihren Bilanzen aufdeckten und teilweise in Schieflage gerieten, sorgten sich viele Privatanleger zu Recht um ihr Geldvermögen. Nur wenig später, 2012, erhielten ihre Ängste neue Nahrung: Die Staatsverschuldung in einigen Ländern der Eurozone war bedrohlich geworden, weil eine fehlende Anschlussfinanzierung für auslaufende Staatsanleihen zur Zahlungsunfähigkeit hätte führen können. Der Euro geriet ernsthaft in Gefahr, private Geldanlagen in Euro erschienen immer unsicherer.

Viele Bürger verloren ihr Vertrauen in die Stabilität und Seriosität des Finanzsystems und suchten Sicherheit anderswo. Eine rasche Umschichtung in Gold bot sich als naheliegende Lösung an. Damit war Geldvermögen zunächst einmal sicher zu parken. Die Angst vor Verlusten belebte das Goldgeschäft wie nie zuvor. Barren und Münzen wanderten in angemietete Bankschließfächer und private Haustresore. In Deutschland

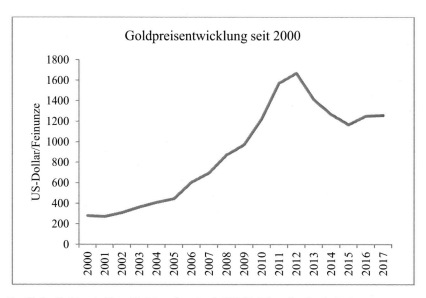

Grafik 1 - Goldpreis über 17 Jahre (nominal, LBMA Jahresdurchschnitte)

schätzungsweise mehr als jeweils 100 t in den Jahren 2008 bis 2017, so viel wie in keinem anderen europäischen Land (GFMS 2018).

Der Trend aus dem Papiergeld ins Metallgold zog sich um die ganze Welt: die Nachfrage nach reinem Gold stieg sprunghaft an; parallel zog der Goldpreis an, immer schneller, immer höher. Seit Ausbruch der Finanzkrise 2008 jagte er von Rekord zu Rekord, im Spitzenjahr 2012 erreichte er durchschnittlich 1.698 US-Dollar je Feinunze, im Maximum sogar 1896,5 US-Dollar, umgerechnet entsprach das 1382,2 Euro (Grafik 1).

Während des teilweise panikartigen Einkaufs von Gold waren private Anleger oft blind für die Fakten, zum Beispiel die Größenordnungen und bereits bestehende Besitzverteilung des weltweiten Goldbestandes. Ende 2017 war das gesamte verfügbare Gold, das jemals aus der Erdkruste herausgeholt wurde, auf beachtliche 192.000 Tonnen angewachsen und so verteilt (Grafik 2):

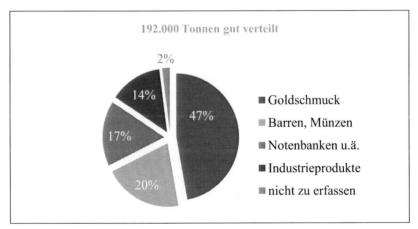

Grafik 2 - Verfügbarer Goldbestand Ende 2017 (nach GFMS 2018)

Interessanterweise liegt das meiste Gold bereits in privater Hand. Mehr als zwei Drittel stecken in Schmuck (47%), Barren und Münzen (20%), den typischen Arten des Privatinvestments. Waren diese Goldkäufer alle besonders klug? Lohnt sich ein Goldinvestment tatsächlich immer? Diese Kernfrage beschäftigt einen kritischen Investor vor der Entscheidung zu Recht. Ja unbedingt, sagen die Werbebroschüren der Banken, Edelmetallhändler und Internet-Anbieter. Doch welche Antworten geben die Daten und Fakten? In welche Richtung wird sich der Goldpreis weiter bewegen, aufwärts, seitwärts oder abwärts? Wer bestimmt die Nachfrage und wer das verfügbare Angebot von Gold? Wer nimmt starken Einfluss auf die Preisentwicklung?

Fragen über Fragen, allesamt sehr wichtig und berechtigt. Die Antworten erscheinen oft naheliegend, fallen kurz und knapp aus. Doch plausible Antworten entpuppen sich als irreführend oder sogar falsch. Eine Goldanlage ist alles andere als eine einfache, sich selbst erklärende Form des Investments.

Die Nachfrage nach Gold

1. Wer kauft Gold?

Wenn Gold so begehrt ist wie in den letzten Jahren (Nachfrage in Grafik 3), dann lohnt sich die internationale Goldförderung wie lange nicht mehr. Die Minenbetreiber haben entsprechend so viel Gold aus der Erdkruste herausgeholt wie sie nur konnten. Der Spitzenpreis hat zudem die Exploration nach neuem Gold wieder angetrieben, selbst teure Förderstätten waren plötzlich rentabel darzustellen.

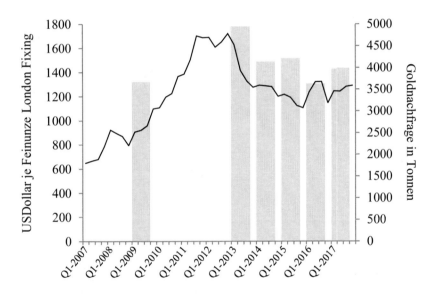

*Grafik 3 - **Goldpreis** (Linie, linke Achse, LBMA) und **Goldnachfrage** (Balken, rechte Achse; nach GFMS 2014- 2018).* **Die Balken** *stehen für die **Goldnachfrage** in 2009, 2013-2017.*

Allerdings unterliegt die Goldförderung natürlichen Grenzen. Eine neue ergiebige Lagerstätte zu erkunden und die Förderung vorzubereiten, dauert viele Jahre. Deshalb kann das Gold-Angebot aus erkundeten Lagerstätten nur in größeren Zeitabständen kräftig zulegen und um einige hundert Tonnen wachsen (Tab.1).

Tabelle 1 - Neues Gold aus dem Bergbau weltweit (US Geological Survey; GFMS 2018)

Jahr	Menge in Tonnen
1976	1210
1986	1610
1996	2290
2006	2496
2013	3022
2017	3246

Diese Tatsache erklärt zum Teil, warum die hohe Goldnachfrage in den letzten zehn Jahren nicht allein durch die Goldförderung der Minengesellschaften gedeckt werden konnte. Die fehlende Differenz lieferte die Abgabe aus Altbestand, das sind insbesondere die Wiedergewinnung aus Altschmuck, die Abgabe aus Notenbankbeständen, der Verkauf von so genanntem ‚Börsengold'.

Im Goldmarkt nehmen fünf große Gruppierungen regelmäßig beachtliche Mengen ab, sie verfolgen dabei allerdings sehr unterschiedliche Interessen (Tab. 2).

Die *Hersteller von feinstem Goldschmuck* setzen jährlich die größte Menge ein. Sie verwenden dazu ihre eigene Feinheitsbezeichnung, was den Laien manchmal verwirrt. 24 Karat Goldschmuck stehen für 999,9 Tausendstel Feinheit, den höchstmöglichen Goldgehalt. Diese Feinheit bieten Goldbarren für den Privatinvestor in der Regel heute ebenfalls (siehe den Steckbrief Gold im Anhang).

Privatpersonen sind mit ihren Käufen von Feingold-Schmuck, Barren und Münzen die mengenmäßig zweitgrößte und gleichzeitig wohl wichtigste Zielgruppe. Die private Anlage in Barren und Münzen hat sich in neun Jahren (2004-2013) fast verfünffacht, in den letzten vier Jahren jedoch etwas beruhigt (Tab. 3).

Die *Spekulation in Gold*, vor allem die Spekulation auf die Veränderung des Goldpreises an Wertpapier- und Terminbörsen, spielte zwischen

2009 und 2012 eine große Rolle. Speziell konstruierte Gold-Wertpapiere, die mit physischem Gold unterlegt sind, bewirkten kurzfristig eine starke neue Nachfrage. Ab 2013 kam dieses treuhänderisch verwaltete Gold teilweise wieder in den Markt zurück und erschien als Angebot aus vorhandenem Goldbestand (Fragen 13 und 18).

Die *Notenbanken* haben sich nach 1971 (Aufhebung des Gold-Devisen-Standards, Ablösung des Dollar vom Gold, siehe Fragen 22 bis 24) von Goldbeständen kontinuierlich getrennt. Erst nach 2010 haben einige Notenbanken und in letzter Zeit auch Staatsfonds der Entwicklungsländer nennenswerte Mengen neu gekauft und ihre Reserven aufgestockt.

Die *produzierende Industrie* verwendet kleine, sehr überschaubare Goldmengen in ihren Produkten, z.B. Golddrähte, Pasten, Kontakte, Steckverbindungen. Die benötigten Mengen sind auffällig konstant (Frage 3).

Tabelle 2 - Goldnachfrage nach Käufergruppen (nach GFMS 2014- 2018)

Jahr	2004	2009	2013	2017
Schmuckhersteller	2600 t	1810 t	2400 t	2210 t
Private Goldanlage (Barren, Münzen)	360 t	825 t	1770 t	1030 t
Börsen (ETF, ETC)	133 t	620 t	0 t	180 t
Industrie	418 t	420 t	419 t	380 t
Notenbanken	0 t	0 t	408 t	370 t
Summe	3511 t	3675 t	4997 t	4160 t

2. Wie hoch ist die Nachfrage nach Barren, Münzen und Schmuck?

Barren, Münzen und Schmuck sind die typischen Anlagen des privaten Goldinvestors weltweit; sein Kaufverhalten spielt auf längere Sicht eine überaus wichtige Rolle im Goldmarkt. Einige Verhaltensmuster lassen sich aus den verfügbaren Zahlen durchaus ablesen.

Tabelle 3 - Investments in Barren und Münzen, in Tonnen (nach GFMS 2014- 2018)

Jahr	2004	2009	2013	2017
Barren	215 t	542 t	1390 t	780 t
Münzen	146 t	283 t	380 t	250 t

Wie Tabelle 3 zeigt, erwerben private Anleger am liebsten Barrengold und damit die einfachste und reinste Form der physischen Goldanlage.

Alternativ kaufen sie auch Goldmünzen, die optisch schön gestaltet sind und einen Geldcharakter symbolisieren wie keine andere Form. Ein Präge- und Vertriebsaufschlag macht Goldmünzen allerdings teurer, als es der reine Goldgehalt verlangen würde (Frage 8).

Zwei Drittel allen Goldes befindet sich bereits in privater Verfügung wie Grafik 2 verdeutlicht hat. Und dieser Anteil wird wohl weiter zunehmen. Denn in Asien, dem bevölkerungsreichsten Kontinent der Erde, geht ein wachsender Wohlstand in den letzten fünfzehn Jahren auch einher mit einem steigenden Interesse an feinem Goldschmuck und Goldbarren in kleineren Größen. Dort wird die Nachfrage nach Barrengold, Münzengold und Schmuckgold vermutlich lebhaft bleiben, wie es auch Tabellen 4 und 5 nahelegen.

Der Trend in China hebt sich besonders deutlich ab: Barrengold war 2013 so beliebt und begehrt wie nirgendwo sonst, gefragter als in Europa und den USA zusammen genommen. Erst in 2014 beruhigte sich der Run ins Barrengold, der nach der Finanzkrise 2008 eingesetzt hatte. Angetrieben von der Angst möglicher Vermögensverluste in einer ungewissen wirtschaftlichen Zukunft hatten weltweit private Anleger (Papier-)Geld in Edelmetall getauscht.

Tabelle 4 - Investment in Barrengold (physisch) nach Regionen, in Tonnen (nach GFMS 2014-2018)

	Jahr	2004	2009	2013	2015	2017
Europa		-35 t	218 t	240 t	226 t	201 t
Deutschland		-1,4 t	128 t	112 t	115 t	100 t
USA		0,9 t	63 t	33 t	27 t	21 t
Asien		245 t	388 t	1070 t	570 t	537 t
China		6,7 t	60 t	360 t	200 t	220 t
Indien		76 t	160 t	265 t	124 t	94 t
	Welt	215 t	542 t	1390 t	850 t	780 t

Die Staatsschuldenkrise in der Eurozone 2012 hatte nochmals Zukunfts- und Verlustängste geschürt und Gold als sicheren Hafen erscheinen lassen. Das hat die Nachfrage in Europa, insbesondere in Deutschland, hoch gehalten (Tab.4).

Neben Barrengold erfüllt in Teilen der Welt auch Goldschmuck die Aufgabe der Wertaufbewahrung und Hortung. Dieses Verhalten ist vor allem von kulturellen Traditionen geprägt, zum Beispiel in Indien, wo zur Hochzeitssaison die Goldnachfrage regelmäßig anzieht, unabhängig vom jeweiligen Preis. Starke Goldpreissteigerungen versucht man abzufangen, indem man die Höhe des Feingoldgehalt für den Brautschmuck variiert; die Zierde der Braut ist davon nicht berührt, aber die eingesetzte Geldsumme kann geplant stabil gehalten werden. Auch die Funktion der Goldketten als einer Art Rückversicherung für die Wechselfälle des Lebens bleibt erhalten, je nach Karat mal mehr oder weniger.

Mit diesem Wissen verwundert es nicht mehr, dass die Spitzenreiter der Goldnachfrage zur Schmuckherstellung die Länder Indien und China sind (Tab. 6).

Tabelle 5 – Gold für die Schmuckfertigung, in Tonnen (nach GFMS 2014-2018)

Jahr	2004	2009	2013	2017
Welt	2618 t	1866 t	2726 t	2215 t
Industrieländer	729 t	372 t	310 t	293 t
Entwicklungsländer	1889 t	1494 t	2417 t	1922 t

Aus den Tabellen 5 und 6 sind eine ganze Reihe wichtiger und interessanter Gold-Fakten zu entnehmen:

Das *Geschäft mit Goldschmuck* findet in *Asien* statt, Europa spielt im Vergleich nur (noch) eine Nebenrolle. Entsprechend verarbeitet inzwischen die Schmuckfabrikation in Asien drei Viertel des weltweiten Schmuckgoldes (Jahr 2017). Immer mehr Menschen der asiatischen Milliarden-Bevölkerung partizipieren am ökonomischen Erfolg und streben nach den besonderen Attributen des Goldschmucks, nach Zierde, Schönheit und Wertanlage.

China stieg 2013 zum größten Hersteller von Goldschmuck auf, über 1100 t wurden verarbeitet. In den folgenden Jahren sank dieser Rekordwert auf jährlich ca. 700 t – 900 t. Der private Schmuckkauf im Lande hat sich in nur wenigen Jahren beinahe verdreifacht, von 224 t auf 600 t (2017).

Die Schmucknachfrage in *Indien* ist relativ konstant im Zeitverlauf.

In *Europa* und den *USA* hängt die Schmucknachfrage stark am Goldpreis. Je höher der Preis, desto weniger Goldschmuck wird gekauft. Schmuck-Design oder die Gold-Uhr als Statussymbol sind wichtig, die Idee der Wertaufbewahrung oder gar des Investments spielt keine Rolle. Diese Beobachtung lässt sich am Kaufverhalten in *Deutschland* beispielhaft nachvollziehen. So wurden 2004 noch 17 Tonnen Gold in hochwertigem Schmuck verkauft (entsprechend 24 Karat, ohne Altgold-Umarbeitung). 2012, auf dem Höhepunkt der Goldpreis-Rallye, war es nur noch die Hälfte, rund 9 Tonnen (GFMS 2014).

Einige ausgewählte Beispiele in Tabelle 6 verdeutlichen die hohe *Preiselastizität* in Wohlstandsregionen wie den USA, Japan oder Europa. Demgegenüber wirkt die Nachfrage in Asien oder Russland konstant und wenig preissensibel. Trotz des hohen Goldpreises ab 2009 blieb dort die Kaufbereitschaft sehr ausgeprägt.

Tabelle 6 – Feingoldschmuck, Verkäufe im Einzelhandel, in Tonnen (nach GFMS 2014-2018)

Jahr	2004	2009	2013	2015	2017
Indien	517 t	471 t	612 t	674 t	624 t
China	224 t	376 t	816 t	563 t	595 t
USA	350 t	150 t	122 t	140 t	145 t
Russland	55 t	56 t	73 t	42 t	34 t
Japan	34 t	22 t	21 t	19 t	19 t
Italien	77 t	41 t	20 t	18 t	17 t
Großbritannien		31 t	23 t	27 t	22 t

3. Wieviel Gold benötigt die Industrie?

Gold wird in den Herstellungsprozessen sehr unterschiedlicher Wirtschaftsbranchen eingesetzt, die Elektronikbranche ist der wichtigste und bekannteste Verwender. Aber auch in den Bereichen Automotive, Chemie und Petrochemie, Glas, Pharmazie und Düngemittel wird Gold in kleinen Mengen benötigt.

Die industrielle Goldnachfrage ist auffällig konstant, sie liegt seit Jahren bei rund 400 Tonnen (Tab. 7). Das ist bemerkenswert, würde man doch intuitiv viel mehr vermuten, denn zahlreiche moderne (Massen-) Produkte kommen ohne ein wenig Gold nicht aus: Smartphones, Tablet PCs, Leiterplatten, goldbedampftes Fassaden-Glas, Katalysatoren sind einige wenige Beispiele. Die besonderen technischen Eigenschaften machen Gold industriell so wertvoll, es ist korrosionsbeständig, gut formbar, gut zu legieren mit anderen Metallen, elektrisch sehr gut leitfähig und katalytisch (siehe dazu auch den Steckbrief Gold im Anhang).

Früher spielte auch Zahngold eine wichtige Rolle, mehr und mehr wird es heute jedoch durch alternative Füllungen wie etwa Hochleistungskeramiken ersetzt.

Je höher der Goldpreis desto intensiver werden preiswertere Alternativen gesucht und gefunden, zum Beispiel Kupfer oder mit Palladium überzogenes Kupfer. Es ist daher zu vermuten, dass die industrielle Goldnachfrage sich tendenziell weiter reduzieren wird.

Tabelle 7 - Gold in der Industrie, in Tonnen (nach GFMS 2014-2018)

Jahr	2004	2009	2013	2015	2017
Elektronik	266 t	275 t	289 t	253 t	277 t
Andere Branchen	85 t	86 t	92 t	76 t	73 t
Zahngold	67 t	53 t	36 t	32 t	29 t
Summe	417 t	413 t	417 t	361 t	380 t

Die Elektronikhersteller stehen für rund 70 Prozent der jährlichen Goldnachfrage aus der Wirtschaft (Tab. 7 und 8). Sie benötigen beispielsweise Golddrähte, Goldbonding und Goldkontakte.

Tabelle 8 - Gold in der Elektronikbranche, in Tonnen (nach GFMS 2014-2018)

Jahr	2004	2009	2013	2017
Japan	108 t	94 t	85 t	67 t
USA	51 t	46 t	55 t	56 t
China	18 t	39 t	59 t	55 t
Südkorea	26 t	29 t	23 t	29 t
Taiwan	13 t	16 t	16 t	15 t
Welt	266 t	275 t	289 t	277 t

Größte Goldverwender sind - wenig überraschend - die großen Hersteller-Länder Japan, USA, China, Südkorea und Taiwan (Tabelle 8).

Es fällt auf, dass nur in China der Goldbedarf stark gestiegen ist, in zehn Jahren um rund 200 Prozent, allerdings von einer vergleichsweise niedrigen Basis aus. Diese Beobachtung ist jedoch nicht wirklich überraschend, denn China hat sich in diesem Zeitraum zur ‚Werkbank der Welt' entwickelt. In den Jahren 2015 und 2016 war die Nachfrage der Elektronikbranche allerdings rückläufig, die nachgebende Konjunktur drückte sich auch im geringeren Goldverbrauch aus, in 2017 erhöhte er sich jedoch wieder auf rund 55 Tonnen.

In Japan, dem einst unbestrittenen Marktführer der Branche, ist der Goldbedarf in 2017 nochmals gesunken, auf 67,5 Tonnen, einem Zehnjahres-Tiefstand.

4. Wieviel Gold wird wiedergewonnen?

Das Edelmetall Gold besitzt viele, sehr gefragte chemische Eigenschaften (siehe Steckbrief Gold im Anhang); es lässt sich zum Beispiel gut mit anderen Metallen legieren. Aber es geht keine unwiderruflich neuen Verbindungen ein. Daher lässt sich Gold aus jeder Verbindung mit anderen Metallen wieder herauslösen. Diese Eigenschaft macht die Wiedergewinnung, neudeutsch das Recycling, von Gold möglich; bei hohen Goldpreisen wird der Aufwand dafür immer lohnender.

Die Wiedergewinnung von Feingold aus altem Schmuck, aus Zahngold, aus Produkten der Industrie und aus alten Münzen und Medaillen spielt mittlerweile eine beachtliche Rolle.

Nach dem Aufbereitungsprozess lässt sich nicht mehr erkennen, ob es neues Gold aus dem Bergbau oder zurück gewonnenes ‚altes' Gold ist. Feingold ist Feingold, 999,9 Teile Gold auf 1000 Einheiten - in der Sprache der Juweliere hervorragende 24 Karat Gold.

Beim Gold-Recycling ergibt sich ein inzwischen vertrautes Vergleichsmuster: *Asien* ist der *größte Lieferant* von Altgold; die Hälfte des Angebots stammt aus dieser Region. Ein gutes Viertel steuert Europa bei, rund zehn Prozent Nordamerika.

Tabelle 9 - Gold aus der Wiedergewinnung, in Tonnen (nach GFMS 2014-2018)

Jahr	2004	2009	2013	2017
Europa	165 t	515 t	348 t	326 t
Asien	525 t	876 t	686 t	670 t
Welt	880 t	1725 t	1303 t	1210 t
Deutschland	6 t	32 t	31 t	24 t
China	34 t	116 t	176 t	223 t
Indien	107 t	115 t	100 t	88 t

Alter Schmuck, Elektronik-Schrott, insbesondere elektronische Leiterplatten und Zahngold sind die *Hauptquellen* für eine Wiedergewinnung.

In Indien sollen sogar die Goldfäden aus dem Brokat alter Saris zur Goldgewinnung wieder verwertet werden.

Starke *Schwankungen im Angebot* ergeben sich aus dem preisreagiblen Verhalten privater Schmuckbesitzer. Sie warten anscheinend Preisschwellen ab, bevor sie sich von ihrem Altschmuck trennen.

Das Altgold-Angebot lag 2009 bis 2011 höher als 2012, als der Rekordpreis von 1668 US-$/Feinunze (Durchschnittspreis) erreicht wurde. Danach sackte das Altgold-Angebot um 400 Tonnen ab, 2014 um weitere 150 Tonnen (Grafiken 4, 5; nach GFMS 2014-2018).

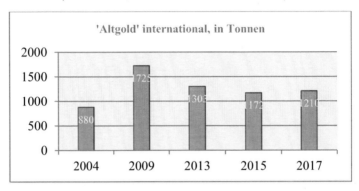

Grafiken 4 + 5 - ‚Altgold' weltweit (Grafik oben) und in Deutschland (ganz unten) Goldpreise in US-Dollar (Grafik Mitte) London p.m. Jahresdurchschnitte (LBMA)

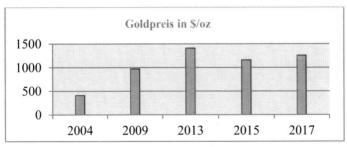

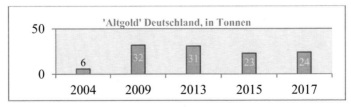

Zum Vergleich die Altgold-Mengen, die Deutschland zum Gesamtangebot beisteuern kann - eine sehr überschaubare Menge von ein bis zwei Prozent.

Ohne ein Gold-Recycling hätte das Angebot aus der jährlichen Bergbau-Förderung nicht ausgereicht, die starke Nachfrage der letzten zehn Jahre zu bedienen (Tab. 10).

Tabelle 10 - Gold-Recycling, Goldminenangebot, physische Goldnachfrage (Schmuck, Investment, Industrie) (nach (GFMS 2014-2018)

Jahr	2004	2009	2013	2015	2017
‚Altgold' Welt	880 t	1725 t	1287 t	1172 t	1210 t
Minen-Gold	2504 t	2613 t	3022 t	3158 t	3247 t
Nachfrage Welt	2920 t	3038 t	5087 t	4124 t	4165 t

In 2013 war die physische Goldnachfrage so extrem, dass selbst die Menge aus Neu- und Altgold kombiniert nicht ausreichte. Die fehlende Differenz von rund 700 Tonnen floss dem Goldmarkt aus dem Bestand der börsengehandelten Indexfonds zu (Fragen 16, 18 und 20). Sie hatten auf dem Höhepunkt der Finanzkrise, als die Goldpreisrallye immer schneller lief, große neue Goldbestände von weit über 1000 Tonnen aufgebaut. Ab 2013, mit dem kräftigen Preisknick, verabschiedeten sich viele Investoren vom Gold. Ihre Anteile an den speziellen Indexfonds verkauften sie zügig; das dort treuhänderisch verwaltete Gold wurde reduziert und kam in den Markt zurück. Allerdings kehrte sich dieser Trend in den Jahren 2016 und 2017 um, die Indexfonds erwarben wieder Gold.

Das Angebot von *neuem* Gold

5. Woher kommt neues Gold?

Die Frage nach neuem Gold impliziert unmittelbar zwei weitere: Wie hoch sind die geschätzten Gold-Reserven in der Erdkruste, die man herausholen könnte? Und wer sind die größten Förderländer?

Bis in die siebziger Jahre des 20. Jahrhunderts war Südafrika der herausragende und wichtigste Goldlieferant, zwei Drittel des neuen Goldes kam aus den dortigen Minen. Mit der Aufhebung der Goldpreisfixierung durch die Notenbanken änderte sich die Situation nachhaltig. Höhere Goldpreise regten zusätzliche Explorationen an und die Zahl der Förderländer nahm allmählich zu. Die geförderten Mengen erhöhten sich allerdings nur graduell, nicht schlagartig.

Wurden im Jahre 1970 noch 1480 Tonnen Gold gefördert (von denen 1000 Tonnen aus Südafrika stammten), so verdoppelte sich die Produktion bis zum Jahr 2017 auf 3247 Tonnen. Das meiste Gold wird in den letzten acht Jahren in China gewonnen, gefolgt von Australien, Russland, den USA, Kanada, Peru und Indonesien.

Da die Goldproduktion lange Vorlaufzeiten hat – es muss zunächst geowissenschaftlich exploriert werden, Genehmigungen sind einzuholen, die Mine ist technisch und logistisch einzurichten -, sind in vielen Ländern nur geringe Veränderungen der Fördermengen im Zeitverlauf zu beobachten. Eine große Ausnahme bilden Südafrika und China.

Tabelle 11 zeigt die Veränderungen der Goldproduktion nach Ländern in den letzten 10 Jahren. War Südafrika selbst im Jahre 2005 noch der größte Goldproduzent, so rutschte das Land danach auf den achten Platz ab. China hingegen, das vor 40 Jahren gerade 1,5 Tonnen Gold förderte, hat mittlerweile den Spitzenplatz übernommen und liegt mit einer Gesamtförderung von ca. 426 Tonnen auf Platz 1. Auffallend ist auch die Mengenveränderung in Ländern, die nicht zu den 15 größten Förderern zählen. Hier ergab sich in den letzten 12 Jahren eine Steigerung von ca. 540 Tonnen auf mittlerweile 810 Tonnen pro Jahr, ein Plus von 50 Prozent.

Aus dem internationalen Goldhandel weiß man ziemlich genau, wieviel Gold pro Jahr zur Verfügung steht. Die Fördermengen für die nächsten fünf bis zehn Jahre lassen sich relativ präzise abschätzen aus der Zahl der vorhandenen und in Betrieb gehenden Minen. Nur die Frage nach

Tabelle 11 - Goldproduktion nach Ländern in den Jahren 2005 und 2017 (nach GFMS 2014-18)

	Land	Produktion 2005 in t	Produktion 2017 in t
1	China	229,8	426,1
2	Australien	263,0	295,0
3	Russland	175,4	270,7
4	USA	262,3	230,0
5	Kanada	119,5	175,8
6	Peru	217,8	162,3
7	Indonesien	114,2	154,3
8	Südafrika	315,1	139,9
9	Mexiko	30,6	130,5
10	Ghana	62,8	101,7
11	Usbekistan	75,7	84,9
12	Brasilien	44,5	79,9
13	Papua Neuguinea	70,9	61,9
14	Argentinien	27,9	61,0
15	Dem. Republik Kongo	5,3	60,1
	Andere Länder	544	813
	Summe	2.559	3247

der Goldreserve für die Zukunft ist wenig exakt zu beantworten. Welche Menge an Gold birgt die Erdkruste, die sich noch sinnvoll fördern lassen würde? Zwei Unsicherheiten erschweren jede klare Antwort: Zum einen ist die Menge der förderbaren Reserven und Ressourcen stark vom jeweiligen Goldpreis abhängig. Zum anderen ist die Welt noch nicht ‚ausprospektiert' und niemand weiß, wie viel Gold sich noch in unentdeckten Lagerstätten befindet.

Zwei Begriffe sind gerade genannt, die zur Beurteilung des noch nicht geförderten Goldes entscheidend sind: die Ressourcen und die Reserven. Der Privatanleger findet Angaben dazu in den Jahres- und Quartalsberichten der Bergbaugesellschaften. Diese orientieren sich an den Definitionen der US-amerikanischen und kanadischen geologischen Bundesbehörden (Canadian Institute of Mining, Metallurgy and Petroleum 2014). Die Zuverlässigkeit der Bestimmung der Vorräte reicht dabei von exakt gemessenen und durch Bohrungen bestimmten Reserven (‚measured reserves') bis hin zu eher unverbindlichen, nur grob abgeschätzten Ressourcen (‚inferred resources').

Die Kenntnis dieser Unterschiede ist auch für den Privatinvestor wichtig, der zum Beispiel in Wertpapiere einzelner Minengesellschaften investieren möchte und dazu auch einen Überblick über die im Besitz befindlichen Reserven und Ressourcen benötigt.

Die englischsprachigen Geschäftsberichte verwirren den deutschen Leser vielleicht mit der doppelten Bedeutung des Begriffs der Ressourcen. Die *Ressource im Sinne von Lagerstätte* ist der umfassendste Begriff und umschließt nachgewiesene Reserven und andere Ressourcen. Der Begriff Ressource wird daneben aber auch gebraucht im Zusammenhang mit vermuteten, aber noch nicht exakt nachgewiesenen Goldgehalten im Erz (siehe unten d bis e). Somit gilt für eine Lagerstätte (Ressource) folgende Stufenleiter der Verbindlichkeit:

a) **Proven Reserve**: Durch Bohrungen und andere geo-physikalische Verfahren mit dem höchsten Grad an Verlässlichkeit nachgewiesene Reserven, die nach dem verabschiedeten Minenplan wirtschaftlich gefördert werden können.

b) **Probable Reserve**: Nachgewiesene Reserven, die soweit abgesichert sind, dass wesentliche wirtschaftliche Investitionsentscheidungen getroffen werden können.

c) **Measured Resource:** Derjenige Teil einer Lagerstätte, für den die Menge, Goldgehalt oder Qualität, Dichte und Form sowie die physikalischen Parameter mit einer solchen Zuverlässigkeit vorliegen, dass - unter Berücksichtigung sog. Modifizierender Faktoren (aufgrund des Abbaus und des Gold-Gewinnungsprozesses) – eine detaillierte Minenplanung und wirtschaftliche Evaluation durchführen lässt.

d) **Indicated Resource**: Derjenige Teil einer Lagerstätte, dessen geschätzte Lage, Struktur und Mineralgehalt (grade) soweit bekannt ist, dass einigermaßen zuverlässige Mengen-Abschätzungen gemacht werden können.

e) **Inferred Resource**: Derjenige Teil einer Lagerstätte, für den ausreichende geologische Informationen und ein vernünftiges Verständnis der Kontinuität und Verteilung der Metallverteilung (Erze) vorliegen, um die Form einer Lagerstätte mit möglichem wirtschaftlichem Nutzen abzuleiten.

In dürren Worten: Die Reserven sind die ‚harte' Währung einer Lagerstätte, die Ressourcen sind die Hoffnungswerte.

In den Jahresberichten der Bergbaugesellschaften werden die Ressourcen und Reserven deshalb in der Regel getrennt ausgewiesen nach **Reserves P+P** (proven and probable) und **Resources M+I** (measured and indicated) sowie den **indicated Resources**. Reserven sind meistens in den Ressourcen M+I enthalten, aber nicht immer. Dann ist eine Vergleichbarkeit sehr erschwert.

Da nicht alle weltweiten Goldlagerstätten datenmäßig vollständig erfasst sind, kann man die noch vorhanden Ressourcen und Reserven nur abschätzen. Hilfreich ist dabei eine Übersicht, die die bekannten 580 Lagerstätten mit einem vermuteten Goldgehalt von mehr als 1 Million Unzen erfasst (Natural Resource Holdings Research 2014). Die Übersicht (Tabelle 12) enthält also sowohl Reserven P+P als auch Ressourcen M+I+I.

In diesen Lagerstätten mit mehr als jeweils 1 Million Unzen Goldgehalt befinden sich also ca. 3,7 Milliarden Unzen Gold.

Tabelle 12 - Vorhandene Lagerstätten (deposits) von mehr als 1 Mio Unzen Gold in situ (Ressourcen inklusive Reserven, Stand 2013)

Kontinent	Anzahl der Lagerstätten bzw. Minen	Gesamtmenge an Gold in Unzen (oz)	Durchschnittlicher Goldgehalt (grade) in g/t
Nordamerika	199	1.131.000.000	0,71
Südamerika	90	543.000.000	0,83
Afrika	109	842.000.000	2,87
Asien	87	717.000.000	1,11
Australien + Ozeanien	68	381.000.000	0,98
Europa	27	104.000.000	1,00
Gesamt	580	3.718.000.000	1,01

Vergleicht man sie mit den im Jahr 2013 geförderten ca. 91 Millionen Unzen, so würde man diese Menge noch ca. 40 Jahre lang aus dem Boden holen können. Andererseits sind nicht alle Ressourcen förderfähig. In der Branche gilt als Faustregel, dass 70 Prozent der Lagerstätten auch tatsächlich durch Minengesellschaften ausgebeutet, also in aktive Minen umgewandelt werden.

Es lässt sich aber auch nicht 100 Prozent des Goldes extrahieren, im Mittel auch wiederum nur 70 Prozent.

Eine kleine Rechnung zeigt, dass damit in diesen 580 großen Lagerstätten tatsächlich nur 1,8 Milliarden Unzen Gold förderbar sein werden. Diese 55.000 Tonnen entsprächen einer rechnerischen Förderreichweite von 20 Jahren. Daraus wird dann die Argumentation abgeleitet, dass wir ‚Peak Gold', den Förderhöhepunkt, bereits erreicht hätten. Aber das ist nur die Hälfte der Wahrheit.

Blickt man tiefer in die Daten, so fällt auf: Von den im Jahre 2017 geförderten gesamten Goldmengen stammt die Hälfte der Jahresproduktion aus diesen 580 Lagerstätten. Denn nur ca. 230 von ihnen produzierten überhaupt im Jahre 2017.

Tabelle 13 - Goldproduktion 2017 gesamt und aus den ca. 230 Minen mit mehr als einer Million Unzen Ressourcen

Gold-Produktion 2017	Unzen
230 Minen mit mehr als 1 Mio Unzen Ressourcen	51.395.000
Gesamt-Produktion	104.370.000
Anteil	49 %

Die andere Hälfte stammt demnach aus kleineren Minen. Geht man von einem gleichen Ressourcen-Bestand wie in den großen Lagerstätten aus, so verdoppelt sich die Förderreichweite von 20 Jahren auf ca. 40 Jahre. Auch erhöhen sich die wirtschaftlich gewinnbaren Ressourcen bei einem steigenden Goldpreis.

Doch selbst dieses Ergebnis ist noch nicht das Ende der Geschichte. Es fällt auf, dass die meisten bekannten Reserven großer Lagerstätten in Nordamerika (USA und Kanada) und Südafrika liegen. Dies deutet darauf hin, dass insbesondere Russland, die asiatischen Gebiete und weite Teile Afrikas noch nicht ausreichend erforscht und exploriert sind.

Das neu geförderte Gold wird uns im 21. Jahrhundert also wohl nicht ausgehen. Aber sicher ist auch, dass die Gewinnung neuen Goldes durch die immer kleiner werdenden Lagerstätten und die rasant steigenden Betriebskosten der Minen immer teurer werden wird. Den Goldpreis kann das nicht ungerührt lassen, mittel- bis langfristig dürfte der Goldpreis steigen.

6. Wie teuer ist Mining heute?

Die anfallenden Kosten, wenn neues Gold aus dem Boden geholt wird, sind in den vergangenen Jahren sehr stark angestiegen. Sie werden in US-Dollar pro geförderter Unze Feingold ausgewiesen ($/oz).

Eine feste Kostengröße gibt es nicht, denn die Kostenstruktur ist von Mine zu Mine verschieden und hängt von vielen Faktoren ab. So besteht ein großer Unterschied, ob man es mit einer offenen Mine im Tagebau zu tun hat (meist mit geringem Goldgehalt) oder mit einem Untertagebau, was sehr aufwändig ist und sich nur bei hohem Goldgehalt des Gesteins lohnt. Die meisten Minen im klassischen Goldland Südafrika sind Untertageminen.

Die Kosten unterscheiden sich auch darin, ob das Erz vor der Gold-Extraktion noch gesondert behandelt werden muss (schwefelhaltiges Erz) oder ob es nach der Zerkleinerung relativ einfach durch Cyanid-Laugung auf großen Halden gewonnen wird.

Da man für die Goldgewinnung neben menschlicher Arbeitskraft auch sehr viel Energie und Wasser benötigt, spielt die Lage der Mine und die vorhandene Infrastruktur kostenmäßig eine große Rolle. Wenn bei neuen Minen in eher abgelegenen Gebieten erst noch Straßen zu bauen oder Stromnetze zu errichten sind, ergeben sich zusätzliche hohe Infrastrukturkosten. Ergänzende Minen in bereits erschlossenen Produktionsgebieten, wie z.B. im US-Bundesstaat Nevada, sind natürlicherweise eher preiswert. Alle diese Kosten finden sich im Minenplan wieder, der bei der staatlichen Bergbau-Aufsicht zur Genehmigung vorgelegt werden muss. In der Branche spricht man bei diesen Investitionskosten von ‚capital expenditure costs' oder kurz CAPEX. Das benötigte Investitionsvolumen muss vorfinanziert werden; auf jede geförderte Unze Gold werden die Finanzierungskosten später bilanz-technisch umgelegt.

Um die Kostenstruktur der Minen und letztlich der Bergbaugesellschaften selbst transparent zu gestalten, hat das World Gold Council, der internationale Unternehmensverband, nach intensiver Vorarbeit mit den großen Minengesellschaften im Jahre 2013 eine Anleitung zur

Kostendarstellung veröffentlicht (WGC 2013a). Diese hat sich inzwischen zum Standard bei nahezu allen Goldproduzenten durchgesetzt. Daher findet der Investor in den Geschäftsberichten der Unternehmen zumeist Angaben zu drei verschiedenen Kostenarten bei der Goldförderung:

- **Cash Costs** (entspricht den direkten Förderkosten)

- **All-In Sustaining Costs** (entspricht den operativen Kosten)

- **All-In Costs** (entspricht den Gesamtkosten)

Worin liegen die Unterschiede dieser drei Kennzahlen und worauf sollte der Investor achten?

Cash Costs

Die Cash Costs umfassen alle Kosten, die notwendig sind, um die aktuelle Förderung des Goldes aus einer vorhandenen Mine durchzuführen. Dazu gehören vor allem die Löhne und Gehälter der Mitarbeiter, Energie- und andere Verbrauchskosten (z.B. Reifen für die übergroßen LKW), Ausgaben für Subunternehmer und andere Kosten, die beim Betrieb auf der jeweiligen Mine anfallen.

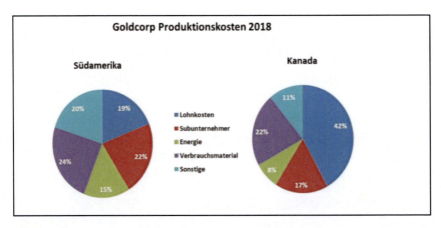

Grafik 6 – Für das Jahr 2018 geplante Cash Cost Anteile in Prozent nach Regionen am Beispiel Goldcorp (Goldcorp BMO Mining Konferenz Präsentation 2018)

Wie unterschiedlich das in einzelnen Regionen bei ein und derselben Muttergesellschaft aussehen kann, verdeutlicht Grafik 6 des fünftgrößten Goldproduzenten Goldcorp aus dem Jahre 2018. Während in Nordamerika und Kanada die Lohnkosten 42 Prozent der Cash Costs ausmachen, sind es in Mexico nur 19 Prozent. Dagegen belaufen sich die Ausgaben für Energie in Nordamerika nur auf 8 Prozent, in Mexiko dagegen auf 15 Prozent.

Die ‚normale' Bandbreite der Cash Costs größerer Minen beträgt in etwa 600 bis 800 Dollar/Unze.

Grafik 7 zeigt die tatsächlichen Cash Costs nach Regionen in den vergangenen 14 Jahren des weltgrößten Goldförderers Barrick Corp. Erkennbar ist die deutliche Steigerung der Förderkosten, unabhängig von der jeweiligen Region. Dies hängt vor allem mit stark gestiegenen Kosten für Treibstoff und Energie, deutlich höheren Löhnen und Kostensteigerungen bei Verbrauchsmaterialien (z.B. Cyanid zur Gold-Laugung) zusammen.

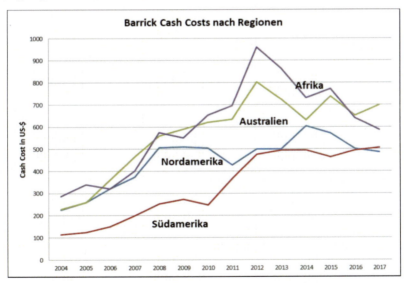

Grafik 7 - Entwicklung der Cash Costs in $/oz nach Regionen, Beispiel Barrick Corp (nach Barrick Jahresberichte 2004 - 2017)

Die Cash Costs einer Gesellschaft stellen *die absolute Untergrenze* der Förderkosten dar; die Deckung dieser Kosten reicht bei weitem nicht aus, um den Betrieb der Gesellschaft sicher zu stellen.

Die tatsächlichen Kosten des operativen Geschäftes drücken sich näherungsweise wesentlich besser aus in den **All-In Sustaining Costs AISC**.

Die AISC-Costs stellen heute die Messlatte für die Profitabilität einer Gesellschaft dar. Sie umfassen neben den Cash Costs *zusätzlich* die administrativen Unternehmenskosten (overhead), sowie alle Kosten, die für den weiteren Betrieb und Ausbau *dieser* Mine getätigt werden. Dazu gehören zum Beispiel Explorations- und ‚Stripping'-Kosten zur Minenerweiterung, sowie Umwelt- und Sanierungskosten.

Grafik 8 zeigt die AISC-Costs der großen Goldförderer im Jahre 2017. Die durchschnittlichen AISC-Costs liegen bei ca. 900 Dollar/Unze, mit einer Bandbreite von ca. 650 Dollar/Unze bis zu ca. 1250 Dollar/Unze.

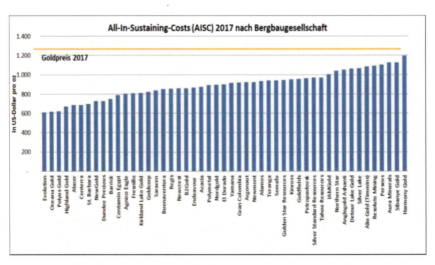

Grafik 8 - All-In Sustaining Costs AISC der großen Goldförderer in 2017 (Jahresberichte der Unternehmen)

Festzuhalten ist, dass die All-In Sustaining Costs AISC in der Regel ca. 300 Dollar/Unze höher liegen als die reinen Cash Costs!

Der Investor, der vor allem am Goldpreis interessiert ist, muss eine Tatsache besonders in Rechnung stellen: die AISC-Costs sind nur in geringem Umfang beeinflussbar, da die Förderkosten und das CAPEX bei produzierenden Minen nur wenig variabel sind. Schon eine Reduzierung um 10 Prozent gilt als große Leistung.

Ein Maß für die nachhaltige Profitabilität einer Goldminen-Gesellschaft sind die **All-In Costs AIC,** die neben den AISC-Costs sämtliche andere Kosten der Gesellschaft beinhalten. Dies sind vor allem Explorationskosten in neue Minen und alle Kosten, die mit neuen Projekten oder mit nicht aktiven Minen zusammenhängen. Bei fallenden Goldpreisen gehören hierzu auch die zum Teil erheblichen Investitionsabschreibungen auf erworbene Explorations- oder Minenrechte.

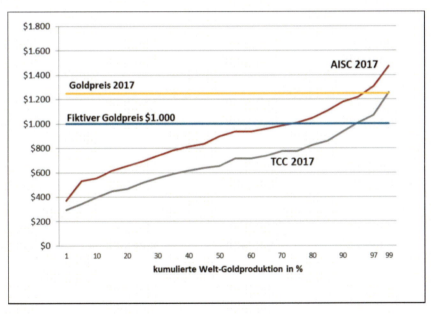

Grafik 9 – Total Cash Costs und All In Sustaining Costs Struktur der Welt-Goldförderung im Jahre 2017 (nach GFMS 2018)

Grafik 9 zeigt die **Minen**-Kostenstruktur der Welt-Goldförderung in den gesamten Förderkosten (TCC) und den All-In-Sustaining-Costs. Da diese Grafik über den *mittel- und langfristigen Goldpreis von **neuem** Gold* sehr viel aussagt, wollen wir sie etwas näher betrachten. Die vertikale (y) Achse ist in US-Dollar/Unze angelegt. Die horizontale (x) Achse gibt die kumulative Goldproduktion wieder. Sehen wir uns zunächst die untere graue Kurve an, die die Total Cash Costs der Minen des Jahres 2017 darstellt. Der Schnittpunkt der grauen Kurve mit der 400$ Linie zeigt, dass ca. 10 Prozent des Goldes mit Total Cash Costs unter 400 Dollar/Unze gefördert werden können. (Gehen Sie auf der x-Achse auf die 10 und dann senkrecht nach oben, bis Sie die graue Linie treffen. Dann können Sie links den entsprechenden Cash Costs Wert in Dollar/Unze ablesen.) Wiederholt man diesen Vorgang für einen Wert von 1000 Dollar/Unze, so stellt man fest, dass hierfür ca. 90 Prozent der Welt-Goldförderung im Jahre 2017 produziert werden konnte. Und für den durchschnittlichen Goldpreis von ca. 1250 Dollar/Unze ließen sich 2017 ca. 99 Prozent allen Goldes fördern. Nur 1 Prozent waren bei den Cash Costs unwirtschaftlich.

Ganz anders sieht das Bild bei den All-In-Sustaining Costs aus. Trotz erheblicher Anstrengungen seitens der Unternehmen stiegen diese von 2016 auf 2017 wieder an. Bei einem Goldpreis von 1200 Dollar sind bereits 10% der Minenproduktion unwirtschaftlich. Nimmt man einen weiter sinkenden Goldpreis von z.B. 1000 Dollar an, so würden bei dem gegenwärtigen Förderkostenniveau bereits 30% nicht mehr kostendeckend produziert werden können.

Dabei ist hervorzuheben, dass in den All-In-Sustaining Costs ja noch nicht die Explorationskosten, der Overhead, die Entwicklungskosten und alle anderen nicht unmittelbar die produzierenden Minen betreffenden Kosten enthalten sind. Betrachtet man daher diese All-In Costs (AIC), so ergibt sich, dass bei einem Goldpreis von ca. 1000 Dollar/Unze nur etwas mehr als die Hälfte der Welt-Goldproduktion profitabel gefördert werden kann. Sicherlich lassen sich durch Kredite kurzfristige Goldpreisschwankungen überbrücken; auf Dauer kann es sich jedoch kein Unternehmen leisten unterhalb seiner Kosten zu produzieren. Dies wurde auch im Jahr 2015 sichtbar, als bei stark sinkendem Goldpreis in den Bilanzen außerordentlich hohe Sonderabschreibungen getätigt werden mussten.

Eine genauere Analyse zeigt zudem: Ein dauerhafter Goldpreis unter 1100 Dollar/Unze würde 20 Prozent oder ca. 600 Tonnen Goldförderung **unmittelbar** (also auch ohne Sonderabschreibungen) unwirtschaftlich machen, ein Preis von 1000 Dollar/Unze beträfe bereits 40 Prozent oder 1200 Tonnen Gold. Diese Verknappung von neuem Gold müsste nach allem Ermessen zu einem steigenden Goldpreis führen.

Aber auch ein mittel- bis langfristiger Goldpreis von 1200 Dollar/Unze führt mittelfristig unweigerlich zu einer deutlichen Verringerung des Angebotes, da die tatsächlichen All-In Kosten für 20 Prozent der Goldproduktion eher bei 1400 Dollar je Unze und darüber liegen, was einer Menge von ca. 600 Tonnen Gold im Jahr entspricht.

7. Wer sind die Big Player im Gold-Bergbau?

Einige Datenbanken verzeichnen bis zu 6.000 Unternehmen im Goldbergbau (Mining News 2017). Rund ein Sechstel, über 1000 Gesellschaften, notiert an den Börsen der großen Förderländer USA, Kanada und Australien.

Da der Aufbau und Betrieb erfolgreicher Minen sehr kapitalintensiv ist und einen langen Atem verlangt, dominieren einige wenige Gesellschaften die weltweite Goldproduktion. Die zehn führenden Produzenten vereinten 2017 mit 939 t ca. 29 Prozent der weltweiten Goldförderung auf sich, wie Tabelle 14 zeigt.

Tabelle 14 - Die zehn größten Goldbergbau-Unternehmen in 2017 (Jahresberichte der Unternehmen, Schätzung GFMS 2018)

Rang	Name	Land	Produktion in t
1	Newmont	USA	174,3
2	Barrick	Kanada	165,5
3	Anglogold Ashanti	Südafrika	116,8
4	Kinross	Kanada	83,1
5	Goldcorp	Kanada	79,9
6	Newcrest	Australien	71,1
7	Goldfields	Südafrika	67,2
8	Polyus	Russland	67,2
9	Navoi MMC	Usbekistan	61
10	Agnico Eagle	Kanada	53,3
	Summe		939
	Weltproduktion 2015		3.246
	Anteil der ersten 10		29 Prozent

Die Goldproduktion der folgenden 10 Unternehmen (Plätze 11 bis 20) beläuft sich nur noch auf ein Drittel dieser Menge und betrug 330 Tonnen. Dieser Wert verringert sich bei den nächsten 10 Unternehmen nochmals um 40 Prozent und umfasste 196 Tonnen. Insgesamt kommen die 50 wichtigsten Goldbergbau-Unternehmen auf eine Jahresproduktion von zusammen 1657 Tonnen Gold; das entspricht gut der Hälfte der 3246 Tonnen Weltjahresproduktion in 2017.

Tabelle 15 - Goldproduktion der 50 wichtigsten Produzenten in 2017 (nach Unternehmensberichten)

Rang	Unternehmen	Produktion 2017
1 - 10	Newmont, Barrick, Anglogold Ashanti, Goldcorp, Kinross, Newcrest, Goldfields, Navoi MMC, Polyus Gold, Agnico Eagle	939 t
11 – 20	Sibanye Gold, Yamana, Randgold , Zijin Mining, Harmony, Nordgold, Polymetal, IAMGold, Fresnillo, Evolution	330 t
21 – 30	Acacia, Buenaventura, Kirkland Lake, Northern Star, Centerra, Endeavour, Detour Lake Gold, B2Gold, Centamin, Oceana Gold	196 t
31 – 40	Tahoe Resources, Petropavlovsk, New Gold, , St. Barbara, Minera Frisco, Alamos, Resolute Mining, Coeur Mining, Regis Resources, Saracen	118 t
41 - 50	El Dorado, Silver Standard Resources, Highland Gold, Golden Star Resources, Primero, Hecla, Perseus, Banro, Teranga, Semafo	74 t
1 - 50		1.657 t

Während sich in den langjährig aktiven Bergbaugebieten der Welt, in Nord- und Südamerika sowie in Südafrika und Australien, große und zum Teil sehr finanzkräftige Unternehmen die Goldproduktion teilen, trifft dies auf Teile von Westafrika und vor allem auf China nicht zu.

In China, dem Land mit der größten Goldproduktion, findet man eine große Zahl kleiner und kleinster Produzenten, die oftmals nur wenige hundert Kilogramm pro Jahr fördern. Das Gold World Council gibt in seinem China-Report an (WGC 2013b), dass es dort mehr als 600 Goldbergbau-Unternehmen gibt. Das größte Unternehmen, Zijin Mining Group, produzierte im Jahre 2017 etwa 37,5 Tonnen Gold. Es rangiert damit an dreizehnter Stelle in der Liste großer Goldproduzenten.

Gold zur privaten Geld- und Kapitalanlage

8. Welche Auswahl besteht?

Wer die Wahl hat, hat die Qual. Diese Lebensweisheit gilt selbstverständlich auch bei der privaten Goldanlage. Es beginnt schon mit der Frage: Physisch oder nicht-physisch investieren? Überspitzt ausgedrückt: Möchte ich Gold in die Hand nehmen können oder will ich nur auf einen steigenden Goldpreis spekulieren? Ganz risikofreudige Anleger könnten auch auf einen fallenden Goldpreis spekulieren. Mit einigen börsengehandelten Finanzprodukten ist eine Wette in beide Richtungen möglich (Frage 21).

Der Kauf von Goldbarren des Feingehalts 999,9 ist die reinste Form der konkreten Goldanlage. Bei einem Preis unter 30 Euro je Gramm kann man einen 250-Gramm-Barren sogar völlig anonym erwerben. Erst ab einer Kaufsumme von 10 000 Euro greift das Geldwäschegesetz, das die Feststellung der Käuferdaten verlangt.

❖ **Physisches Investment: Barren und Münzen**

➢ **Goldbarren**

Die klassische Art eines physischen Investments ist der Goldbarren, die Goldmünze bietet eine zweite Möglichkeit. Für Privatanleger werden gezielt *Kleinbarren* hergestellt in einer Bandbreite von 1 Gramm bis 1000 Gramm Gewicht. Sehr gängig sind Barrengrößen bis 250 Gramm. Da Gold ein hohes spezifisches Gewicht hat, füllt so ein Barren kaum die Handfläche aus. Andererseits nimmt er im Schließfach oder Tresor wenig Platz ein und lässt sich leicht in der Tasche transportieren.

Als Qualitätsmerkmal für Goldbarren hat sich seit langem der so genannte Good-Delivery-Standard herausgebildet: er ist im Goldgeschäft der professionellen Goldhändler im Londoner Markt üblich und sollte auch privaten Käufern als untere Richtschnur dienen. Ein Feingoldgehalt von 995,0 auf 1000 Teile wird von der London Bullion Market Association LBMA, dem Verband des internationalen Goldhandels, als

Minimum verlangt. Im seriösen Edelmetallhandel wird der private Käufer meist 999,9 Feingold, die höchste Reinheit, erhalten.

Der Goldpreis wird heute in US-Dollar je Feinunze (rund 31,1 Gramm) festgestellt, (bis 1968 war das britische Pfund die Referenzwährung, Frage 24). Der Dollarpreis wird anschließend in Euro oder jede andere Währung umgerechnet. Dazu wird der aktuelle Umtauschkurs herangezogen. Aus dieser Beziehung ergibt sich ein Wechselkursrisiko für jeden Käufer, der mit Euro bezahlt, beim Kauf genauso wie beim Verkauf des Goldbarrens.

Ein *Beispiel* verdeutlicht den Zusammenhang:
Bei einem Preis von 1200 US-$ je Feinunze ergibt sich ein Preis je Gramm von 38,5 US-Dollar je Gramm; für einen 250-Gramm-Barren wären das 9645 US-Dollar.

Die Umrechnung in Euro ergibt folgende Beträge (rein netto, ohne Nebenkosten des Kaufes): Der Wechselkurs sei ein Euro zu 1,286 US-Dollar. Dann kostet ein Gramm Feingold rund 30 Euro und der 250 Gramm-Barren 7500 Euro. Bei einem Kilo-Barren sind es schon dreißig Tausend Euro.

Der Dollar ist nun im Frühjahr 2018 gegenüber dem Euro mal wieder etwas erstarkt, der Wechselkurs hat sich auf rund 1,20 Dollar je Euro verbessert. Das bedeutet für die Beispielrechnung: Ein Gramm Gold kostet jetzt 32 Euro, ein 250-Gramm-Barren 8000 Euro, ohne dass sich der Goldpreis in Dollar je Feinunze verändert hätte. Daraus wird der Einfluss des jeweiligen Wechselkurses für einen Privatinvestor sehr deutlich, er muss 500 Euro mehr hinlegen für denselben Barren.

Im internationalen Goldhandel professioneller Investoren sind andere Gewichtsgrößen üblich, in der Regel der Standardbarren. Er wiegt 400 Unzen, das sind rund 12,5 Kilogramm. Damit gelangt man in die Preiskategorie von 375.000 bis 437.500 Euro je nach Wechselkurs, eine Größenordnung, die für Privatanleger uninteressant und nicht flexibel ist, beispielsweise bei einem Verkauf.

Gängige Barrengrößen werden dem Privatanleger über alle Vertriebsschienen angeboten: online im Internet und stationär über den Tresen.

Banken, Sparkassen und Edelmetallhändler sind die häufigsten Anlaufstellen für den seriösen Kauf.

Die Gieß-, Präge- und Edelmetall-Scheideanstalten für Barrengold liefern neben dem Standard auch modische Kombinationen: zum Beispiel Mini-Barren ab einem Gramm, kombiniert zu 20 oder 50 Stück wie eine Schokoladentafel. Gegossene oder gepresste Barren, die die unterschiedlichen optischen Erwartungen erfüllen sollen - historischer Mattglanz oder moderner Hochglanz. Eine reine Geschmacksfrage, die Goldqualität ist gleich. Bereits in Geschenkfolie einschweißte und dadurch kratzfest versiegelte Barren gibt es ebenfalls. Auch zusätzliche Sicherheitsmerkmale werden angeboten, etwa ein Hologramm auf der Rückseite des Barrens; das Sicherheitsgefühl soll so nachdrücklich bedient werden. Ein Blick auf die Webseiten der Anbieter verschafft einen ersten Überblick über die bemerkenswerte Vielfalt des Angebots.

Wenn wir ein wenig nachrechnen, finden wir bald einen wichtigen Unterschied schnell heraus: Je niedriger das Gewicht, desto teurer der Goldkauf. Die Kosten der Formung und des Handlings im Vertrieb schlagen sich dann überproportional im Kaufpreis nieder. Es kann bei kleiner Stückelung ein Aufschlag von 25 bis 30 Prozent gegenüber dem Goldpreis für den ein Kilogramm-Barren vorkommen. Wie sich die Preisaufschläge in Abhängigkeit vom Barrengewicht verändern, ist eingehend untersucht worden. In Tab. 16 und Grafik 10 sind markante Ergebnisse zusammengefasst.

Tabelle 16 - Preisunterschiede bei Kleinbarren (Preise Degussa Goldhandel Abruf: 25.05.2018, 11.00 Uhr)

Gewicht 999,9 Feingold	Kaufpreis*	Differenz zu 250 g	Differenz zu 1000 g
1 g	44,90 €	+23,8%	+24%
10 g	376,50 €	+3,8%	+4%
1 oz.	1140,90 €	+1,1%	+1,3%
250 g	9070 €	-	+0,2%
1000 g	36.208 €	-	-
* ohne Nebenkosten			

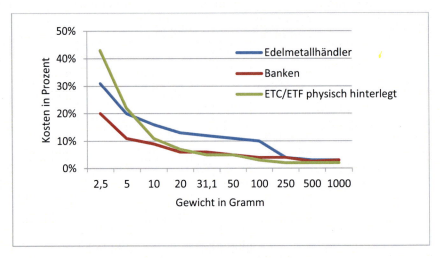

Grafik 10 - Preisaufschläge bei Kleinbarren (vertikale Achse Kosten in Prozent, horizontale Achse Gewicht in Gramm) (nach Steinbeis Research 2012).
Es wird erkennbar, dass Edelmetallhändler die Kosten für das Geschäft mit kleiner Stückelung überwälzen (müssen). ETF/ETC mit Goldhinterlegung sind nur für größere Mengen geeignet.

In schlichten Worten: Größer ist günstiger - ab einem Barrengewicht von 250 Gramm variieren die Aufschläge kaum noch.

> **Goldmünzen**

Goldmünzen ergänzen die nüchterne Anlagefunktion um die Freude der persönlichen Sammelleidenschaft. Daher sind sie bei Privatanlegern sehr beliebt. Im Vergleich zum Barrengold spielen sie jedoch eine deutlich untergeordnete Rolle (Tab. 17 und 18). Danach entfällt auf Münzen ein Anteil von rund 18 Prozent, ein knappes Fünftel des Gesamtinvestments in physisches Gold (Barren + Münzen, gemessen in Tonnen).

Tabelle 17 - Offizielle Goldmünzen (Bullion Coins), in Tonnen (nach GFMS 2014-2018)

Jahr	2004	2009	2013	2015	2017
USA	18 t	50 t	37 t	33 t	13 t
Kanada	8 t	38 t	35 t	29 t	19 t
Südafrika	3,5 t	23 t	27 t	27 t	49 t
Australien	5 t	11 t	16 t	10 t	8 t
Welt	116 t	230 t	276 t	211 t	184 t

Tabelle 18 - Zum Vergleich: Goldbarren-Investments physisch

Jahr	2004	2009	2013	2015	2017
Welt	215 t	542 t	1390 t	850 t	780 t

In Gold investieren und Münzen sammeln - diese beiden Aspekten bedienen vor allem die staatlichen Prägeanstalten der großen Goldförderländer USA (U.S. Mint), Kanada (Royal Canadian Mint), Australien (Perth Mint), Südafrika (Rand Refinery) und inzwischen auch China (China Mint) mit ihren Bullion Coins (dieser Begriff soll signalisieren: aus reinen Goldbarren geprägte Münzen). Der steigende Goldpreis hat das Geschäft mit offiziellen Anlagemünzen bis 2013 sehr belebt. Wie Tab. 17 zeigt, haben sich die Goldmengen für die Münzprägung mit staatlichem Gütesiegel vorübergehend verdoppelt bis verdreifacht, je nach betrachtetem Land. Ab 2014 hat sich die Lage wieder beruhigt, allerdings auf höherem Niveau als vor der Finanzkrise 2008.

Die bekannten und beliebten Goldanlagemünzen sind in der Regel nur geringfügig teurer als es ihrem Feingoldgehalt entsprechen dürfte. Allein die Kosten des Designs, der Herstellung und des Vertriebs werden umgelegt auf die Stückzahl der Prägung. Je höher sie liegt, desto geringer kann der Aufschlag je Münze ausfallen. Eventuell sind im Münzhandel weitere Aufschläge möglich, die mit der Sammlernachfrage für bestimmte Prägejahre, Prägeorte oder Sammler-Sets zusammenhängen dürften.

Die Prägeanstalten der Bullion Coins unterliegen einer staatlichen Qualitätskontrolle und garantieren dem Privatkäufer damit Sicherheit und Seriosität (Tab. 19). Offiziell garantiert sind etwa der Feingoldgehalt, das Münzgewicht und die Prägequalität. Die eingeprägte Zahl, der Münznennwert, hat allerdings nur symbolischen Charakter. Der tatsächliche Wert der Goldmünze richtet sich ausschließlich nach dem aktuellen Goldpreis für Barrengold, der sich täglich ändern kann (Tab. 20). Kleine preisliche Unterschiede sind im Handel durchaus möglich, im Bereich von etwa einem Prozent.

Tabelle 19 - Bullion Coins (Anlagemünzen), ausgewählte Beispiele (Homepages der staatlichen Münzen (Perth Mint, Royal Canadian Mint, U.S. Mint)

Land	Bullion Coin	Feingoldgewicht	Goldgehalt in ‰	Erstprägung
Südafrika	Krügerrand	1/10 bis 1 Unze	916,7 Rest Kupfer	1967
Kanada	Maple Leaf	1/20 bis 1 Unze; 1g	999,9	1979
USA	Eagle	1/10 bis 1 Unze	916,7 Rest Silber Kupfer	1986
Australien	Kangaroo	1/20 bis 1 Unze	999,9	1987/1990
China	Panda	1/20 bis 1 Unze	999,9	1982

Um die Leidenschaft der Münzsammler fortlaufend zu bedienen, legen die Prägeanstalten auch Sonderserien mit jährlich wechselnden Motiven auf. Beispielsweise Themen-Reihen wie das UNESCO Welterbe, den Deutschen Wald, chinesische Sternzeichen, die australische Tierwelt und ähnliches.

Damit der Preis für jeden Geldbeutel erschwinglich ist, werden oft unterschiedliche Gewichte angeboten: ⅛ Feinunze entspricht 3,88 Gramm Feingold; ½ Feinunze sind 15,55 Gramm Feingold. Eine Komplettserie kann einen Preisaufschlag erfahren, wenn die Serie beendet ist und weitere Nachfrage besteht. Hier spielen numismatische Kriterien eine große Rolle, der reine Anlageaspekt tritt dann in den Hintergrund.

Tabelle 20 - Preisunterschiede Bullion Coins, in Euro
(Degussa Goldhandel, online-Abruf 25.05.2018 11:38 Uhr. LBMA gold price 25.05.2018 a.m.)

Goldmünze	Feingewicht	Preis € (ohne Nebenkosten)	Goldpreis in € London a.m.
Krügerrand	1 oz.	1.160 €	1114 €
Philharmoniker	1 oz.	1.157 €	1114 €
American Eagle	1 oz.	1.176 €	1114 €
Maple Leaf	1 oz.	1.153 €	1114 €

Insgesamt sind Goldmünzen eine Anlageform im Grenzbereich zwischen Investment und Sammelleidenschaft. Die reine Geldanlage steht nicht unbedingt im Vordergrund.

Dennoch ist es immer ratsam, vor dem Münzenkauf auch ein paar Aspekte der Goldanlage abzuklären. Zum Beispiel die Menge des enthaltenen Feingoldes zu ermitteln und sie mit dem Goldpreis für eine Feinunze (rund 31,1 Gramm) zu vergleichen. Daraus ergeben sich zwei Fragen: Ist mir die Sammelleidenschaft für dieses Prägemotiv den Aufschlag wert? Spielt der zukünftige Goldpreis für mich eine wichtige Rolle, weil ich irgendwann wieder verkaufen will?

Beim Verkauf der Münze kann sich folgende Situation ergeben: der Preis orientiert sich nahe am aktuellen Goldpreis; oder er liegt tiefer bzw. höher, weil andere Sammler gerade gar nicht oder stark nachfragen (Beispiele Tab. 21). Auf steigende Preise für Goldmünzen zu spekulieren, unterliegt weiteren Kriterien als nur der Preisentwicklung im professionellen Goldmarkt. Zu nennen wären etwa die Begehrlichkeit für Sammler, die Auflagenhöhe (Seltenheit), der komplette Satz einer Serie, der Erhaltungszustand u.Ä. Diese Besonderheiten der Numismatik werden hier nicht näher behandelt. Genauso wenig das Spezialgebiet historischer Goldmünzen, die früher als Zahlungsmittel genutzt wurden; hier herrschen sehr eigene Regeln.

Tabelle 21 - Beispiel Goldmünzen-Serie ‚20 Euro Deutscher Wald' (1/8 Unze Feingold 999,9) (Bundesbank Eurosammlermünzen 2014, 2015, ESG Edelmetallhandel, Degussa Goldhandel) (LBMA gold price 25.05.2018 a.m.)

Münze	Ausgabe	Auflage Stück	Offizieller Ausgabepreis	Preis am 25.05.2018 im Handel	Preis Feinunze London 1114 € Umgerechnet auf 1/8 Unze
Eiche	Juni 2010	200.000	151,00 €	325 €*	139,25 €
Buche	Juni 2011	200.000	184,23 €	230 €	139,25 €
Fichte	Juni 2012	200.000	207,05 €	201 €	139,25 €
Kiefer	Juni 2013	200.000	172,30 €	203 €	139,25 €
Kastanie	Juni 2014	200.000	169,33 €	201 €	139,25 €
Linde	Juni 2015	200.000	182,62 €	199 €	139,25 €

*incl. 19% Mehrwertsteuer. Die Befreiung von der Mehrwertsteuer entfällt wenn, der Münzpreis den Marktwert des Goldgehaltes um mehr als 80% übersteigt. Dann wird sie nicht mehr als Anlagegold betrachtet (Richtlinien 98/80/EG und 2006/112/EG Sonderregelung für Anlagegold)

Derzeit zahlt der Privatanleger beim Kauf und Verkauf von Goldmünzen zu reinen Anlagezwecken *keine Mehrwertsteuer (*Ausnahme siehe Tabelle 21*)*. Das war nicht immer so, erst seit 1993 gilt diese Befreiung. In Zweifelsfragen gibt das Bundesfinanzministerium Auskunft, welche Goldmünzen als Anlagemünzen (Investment Coin) gelten und damit Umsatzsteuer befreit sind (§ 25 c UStG). Das Verzeichnis der Investment Coins wird jährlich aktualisiert und ist online abzurufen (Bundesfinanzministerium. Sonderregelung für Anlagegold; Verzeichnis der Goldmünzen für das Jahr 2018. PDF. ABl. EU 2017 Nr. C 381 S.3). Die Auswahlliste ist sehr umfangreich.

Sammlungen von Goldmünzen werden bisweilen wohl lange gehalten und dann weiter vererbt; sie unterliegen in diesem Fall der *Erbschaftssteuer*. Ob sie unter die geltenden Freibeträge fallen, hängt vom Verwandtschaftsverhältnis zwischen Erblasser und Erben ab und ist im Einzelfall zu prüfen.

Obwohl Goldmünzen formal offizielles Zahlungsmittel sein können, kommen sie nicht in den Geldumlauf. Sie werden vielmehr gesammelt und gehortet. Das gilt gerade für die bekanntesten Beispiele, den American Eagle, den Philharmoniker, den Maple Leaf oder das Australisches Känguru. Wer würde schon zum eingeprägten Nennwert von 50 US-Dollar, 100 Euro, 50 kanadischen Dollar oder 100 australischen Dollar eintauschen, wenn die enthaltene Unze Gold aktuell mehr als das Zwanzigfache wert ist. Der Krügerrand bildet eine kleine Ausnahme, er repräsentiert eine Unze Gold von 22 Karat in Münzform, ohne Nennwert einer Geldmünze. Insgesamt profitieren alle Bullion Coins vom Vertrauen der Privatanleger, ihre Münzen jederzeit in Papiergeld einer Währung tauschen zu können und damit ein verlässliches und optisch schönes Geldsubstitut zu besitzen.

❖ **Nicht-physisches Investment: Wertpapiere mit und ohne Lieferanspruch**

Wem es nicht so wichtig ist, Goldbarren oder -münzen zu besitzen und frei darüber zu verfügen, der kann mögliche Preissteigerungen auch anders mitnehmen. Zur Spekulation auf den Goldpreis gibt es inzwischen eine beachtliche Auswahl börsengehandelter Finanzprodukte auf Gold, die teilweise auch den Privatinvestor anlocken. Sie nennen sich etwa

- Strukturierte Finanzprodukte, Zertifikate,
- Goldfonds, Indexfonds, ETCs,
- Goldaktien
- Terminkontrakte auf Gold

Diese Börsenprodukte sind nicht selbst erklärend und werfen daher viele Fragen auf. Unter den Fragepunkten 16 bis 21 werden sie näher behandelt.

Als Zwitter der Goldanlage ist das *Goldkonto* einzustufen, genauer das Goldanlagekonto oder neutraler das Metall(gewichts)konto. Man kauft über ein Konto bei der Bank Feingold zum Tagespreis ohne direkte Auslieferung. Es besteht jedoch ein Anspruch auf Lieferung. Will man davon Gebrauch machen, muss man aktiv werden, einen Antrag stellen und die Bedingungen der Auslieferung beachten. Die physische Lieferung ist selten beliebig möglich, Mengen unter 100 g oder 250 g sind oft nicht vorgesehen. Die Kosten der Formung und Lieferung sind zudem extra zu bezahlen.

Vor 1993, als der Goldkauf noch der Mehrwertsteuer unterlag und nicht befreit war wie heute, hatten diese Metallkonten durchaus ihren Reiz. Denn erst im Augenblick der physischen Entgegennahme war die Mehrwertsteuer fällig, ansonsten konnte man sie sparen.

Für den Privatanleger hat dieser Weg des Goldkaufs über das Goldkonto einige Schwächen. So ist keine Anonymität gegeben – falls dies gewünscht wäre -, da man als Kontoinhaber geführt wird.

Auch wenn das Gold nur ‚Buchgold' bleibt, also nie in Besitz genommen wird, sind An- und Verkaufspreis nicht identisch. Es gibt eine

Preisspanne, den Spread. Der Kaufpreis liegt etwas höher als der Verkaufspreis, diese Spanne kann 1 Prozent oder etwas mehr betragen.

Das Risiko der Preisänderung des Goldes und das Wechselkursrisiko Dollar gegen Euro bleiben bestehen; darin unterscheidet sich das Goldanlagekonto nicht von den anderen Anlageformen.

9. Welche Rendite liefert Gold?

Es ist eine Eigenart des Goldes, keine regelmäßige Verzinsung abzuwerfen wie ein Sparbuch oder ein festverzinsliches Wertpapier. Im Gegenteil: es verursacht sogar noch Zusatzkosten, etwa Lagergebühren im Schließfach oder in einer externen Verwahrstelle. Eventuell muss zu Hause ein Tresor eingebaut oder die Wohngebäude-Hausratversicherung angepasst werden, damit der Diebstahl von Wertsachen inklusive Barren und Münzen ausreichend versichert ist.

Erst im Augenblick des Goldverkaufs lässt sich überhaupt eine tatsächliche Rendite errechnen. Preissteigerungen, die nicht realisiert werden, lassen sich zwar als virtuelle Rendite auf dem Papier berechnen. Das Ergebnis macht jedoch wenig Freude und kaum Sinn, solange es nicht durch Verkauf konkret wird.

Wer sich nicht selbst betrügen will, korrigiert den erzielten Verkaufserlös ohnehin noch um einige Kosten: beispielsweise die jährlichen Verwahrgebühren, angefallene Transportkosten, höhere Versicherungsprämien und die Kosten der Echtheitsprüfung, die ein Ankäufer verlangen kann.

Der Verkaufserlös ist dann noch um die Wechselkursveränderung Dollar/Euro zu bereinigen. Da Gold grundsätzlich in Dollar je Feinunze gehandelt und erst anschließend in Euro oder eine andere Währung umgerechnet wird, ist dieses Wechselkursrisiko nicht auszuschließen. Außer man geht parallel ein Währungsoptionsgeschäft ein, das dieses Risiko einfängt. Mit Finanzkombinationen dieser Art beschäftigen sich professionelle Vermögensmanager. Für private Investoren sind sie untypisch, schwer verständlich und kaum zu empfehlen.

Wenn man seine Goldbarren über sehr lange Zeit hält, ist auch der Kaufkraftschwund der Heimatwährung, etwa des Euro, zu berücksichtigen. Man erzielt vielleicht einen nominalen Gewinn aus dem Goldverkauf, kann dafür aber nicht mehr, sondern weniger Ware als vorher kaufen. Die Inflation hätte den Preisvorteil dann ‚aufgefressen'.

Bei Renditebetrachtungen spielt die Steuer immer eine Rolle, beim Gold sogar eine günstige. So ist ein erzielter Gewinn steuerfrei, sofern die Barren länger als ein Jahr im Tresor lagen. Bei kürzerer Haltedauer unterläge der Gewinn allerdings der persönlichen Einkommensteuer.

Ein Beispiel zum leichteren Verständnis:
Auf dem Höhepunkt der Goldpreisentwicklung im Jahr 2012 kostete Gold rund 1673 Dollar je Feinunze; das waren rund 1267 Euro ((LBMA 2014) p.m. Durchschnitt 3/2012).
Wer damals einstieg, jetzt aber wieder verkaufen muss, den schmerzen Verluste: Der Goldpreis ist stetig gefallen, im Herbst 2014 beispielsweise lag er knapp unter 1200 Dollar/ Feinunze (im Durchschnitt des Monats November z.B. bei 1173 Dollar oder 941 Euro (LBMA 2014 p.m.), im Frühjahr 2015 pendelte er zwischen 1150 und 1225 Dollar/Feinunze, im April 2018 zwischen 1313 und 1351 Dollar/oz. Rund 400 Dollar oder 25 Prozent des Einstiegspreises sind verloren gegangen; dabei sind Nebenkosten des Kaufs und Verkaufs und die Wechselkursänderung des Dollar gegenüber dem Euro nicht berücksichtigt. Die Inflationsrate liegt in der Eurozone aktuell (noch) sehr niedrig, sie sei daher vernachlässigt.

Hätte man das Geld für den Goldkauf am Aktienmarkt in Dividendentitel investiert, hätte man in derselben Zeitspanne eine zweistellige Rendite erzielen können. Der Dax, Index der 30 größten Aktienwerte an der Frankfurter Börse, hat sich um rund 70 Prozent verbessert. Im Oktober 2012 lag er bei rund 7250, im Oktober 2014 bei rund 9000, im März 2018 stieg er kurzfristig sogar auf 13560 Punkte Im April 2018 lag er immer noch um 12500 Punkte (Börse Frankfurt 2018/Dax historisch).

Dieses Beispiel ist natürlich extrem gewählt, damit das Preisrisiko sichtbar wird. Nimmt man andere Zeiträume unter die Lupe, ergibt sich ein ganz anderes Bild.

Noch ein Beispiel: Wer im Jahr 2000 bei 273 Dollar/Feinunze kaufte und 2012 für 1668 Dollar/Feinunze verkaufte, hat 1395 Dollar Gewinn (nominal) eingestrichen. Eine beeindruckende Zahl.

Bezogen auf die Wartezeit von 12 Jahren sind allerdings der Kaufkraftverlust der DM bzw. des Euro und die Wechselkursveränderung gegenüber dem Dollar heraus zu rechnen. Dennoch ergibt sich rein rechnerisch eine Rendite von 511 Prozent über 12 Jahre bezogen auf den Dollar-Einstiegspreis.

In diesem Beispiel ergibt sich sogar noch ein Wechselkursgewinn von 46 Prozent bezogen auf den Euro. Im Oktober 2000 lag ein Euro bei 0,879 Dollar; im Oktober 2012 hatte sich das Bild umgekehrt, ein Euro war jetzt 1,289 Dollar wert. Mit diesem Gesamtergebnis wäre jeder Privatanleger wohl sehr zufrieden.

Da die Goldpreisrallye ab 2006 bisher historisch einzigartig ist (siehe Grafik 11), kann niemand zuverlässig voraussagen, ob sie einmalig bleiben oder sich in ähnlicher Form wiederholen wird.

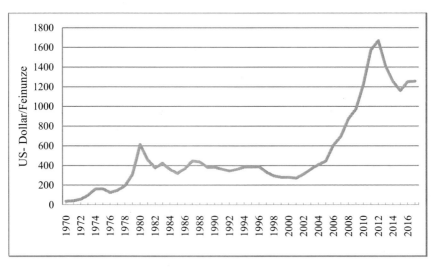

Grafik 11 - Der Goldpreis seit 1971 in US-Dollar/oz (nominal, LBMA)

Entsprechend sind seriöse Renditeaussagen für ein Investment in Gold nahezu unmöglich, wie die beiden extremen Rechenbeispiele zeigen. Die verschiedenen Korrekturfaktoren machen die Rechnung zudem etwas kompliziert.

Daher werden Überlegungen zur Rendite für den Privatanleger in der Regel nachgeordnet sein. Andere Punkte wie die Suche nach der sicheren Vermögensanlage, der Gedanke der Notreserve, die Erwartung des Inflationsschutzes dürften meist mehr im Vordergrund stehen (siehe Frage 25: Stimmen die üblichen Kaufargumente?).

Deutlich wird aus den Rendite-Beispielen aber auch, dass Gold sich zur privaten Vermögensbildung oder gar zur Altersvorsorge denkbar schlecht eignet. In beiden Fällen ist eine kalkulierbare und genau berechenbare Kapitalansammlung das erklärte Ziel. Wie gerade gezeigt, kann das Gold-Investment dies nicht leisten. Im Voraus lässt sich keine Rendite errechnen, sondern nur erhoffen.

Auf einen Nenner gebracht: Ein physisches Goldinvestment kann im schlechten Fall einen Vermögensverlust bedeuten, allerdings aus heutiger Sicht wohl nie einen Totalverlust. Die Untergrenze bildet der zum Zeitpunkt des Verkaufes geltende Goldpreis. Denn Gold muss mühsam und technisch aufwändig zunächst aus der Erdkruste herausgeholt werden, bevor es in den Handel kommt. Neutral gesprochen, die aktuellen Produktionskosten im Goldbergbau stellen eine Art Untergrenze für den Goldpreis dar. Was für neues Gold gilt, gilt ebenso für Altgold, das aus Schmuck zur Wiedergewinnung angeboten wird. Kein privater Schmuckbesitzer würde so nachlässig sein, Gold billiger zu verkaufen als zum jeweiligen Marktpreis (abzüglich gewisser Handling-Kosten). Das hieße ja Geld zu verschenken zum eigenen Nachteil.

Anders sieht es bei börsengehandelten Finanzprodukten auf Gold aus, da sind Totalverluste im Extremfall sehr wohl möglich. Das liegt an der Konstruktion dieser Papiere. Hierbei geht es um den Erfolg oder Misserfolg einer Spekulation gemessen am erwarteten Goldpreis, nicht um Gewinne aus dem Verkauf von physischem Gold im Eigenbesitz. Diese Aussagen werden in den Fragen 16 bis 21 näher behandelt.

Rendite hin oder her - Gold bildet für viele Menschen ein sehr angenehmes Ruhekissen und eine persönliche Reserve für denkbare Notfälle, jenseits aller Zahlen, Fakten und Berechnungen. Doch das ist eine ganz andere Geschichte.

10. Wie wird Gold besteuert?

Steuerfragen zur Geldanlage sind immer sehr individuell zu betrachten und zu beantworten. Gold in persönlicher Verfügung wird steuerlich meist als Anlageform behandelt und ist dann begünstigt.

Auf Goldbarren und Goldmünzen, die dem Privatinvestor zur Kapitalanlage dienen, entfällt keine *Mehrwertsteuer,* weder beim Kauf noch beim Verkauf. § 25c Umsatzsteuergesetz regelt dies (mögliche Ausnahmen siehe Tabelle 21 in Frage 8).

Was Anlagegold ist, wird relativ weit definiert: Entscheidend ist das Eigentumsrecht oder der schuldrechtliche Anspruch auf Anlagegold. Kurz: Barren-Qualitäten von mindestens 995 Tausendstel Feingehalt, Goldmünzen von mindestens 900 Tausendstel Feingehalt und nicht älter als rund 200 Jahre; aber auch Goldzertifikate, Gold(gewichts)konten oder Terminkontrakte auf Gold, die mit einem physischen Lieferanspruch unterlegt sind, zählen dazu.

Angenommen, ein Privatanleger hat einige Barren oder Münzen verkauft und dabei einen Gewinn realisiert. Muss er diesen Gewinn in seiner persönlichen *Einkommensteuer* versteuern? In der Regel wohl nicht. Innerhalb der Spekulationsfrist von zwölf Monaten nach dem Kauf fällt jedoch ein Verkaufsgewinn unter die persönliche Einkommensteuer.

Wie sieht es mit der *Abgeltungsteuer* aus?
Sie gilt für die physische Goldanlage nicht, da kein regelmäßiger Kapitalertrag, sprich keine Zinsen anfallen.
Anders sieht es bei den verschiedenen börsengehandelten Finanzprodukten in Gold aus: Zertifikaten oder Indexfonds auf Gold (ETC) oder Termingeschäften. Hier greift die Abgeltungsteuer sehr wohl (Bundessteueramt 2010). Allerdings gibt es bereits Einschränkungen. So hat der Bundesfinanzhof entschieden, dass Gewinne aus dem Verkauf von ETC-Anteilen mit physischer Liefermöglichkeit (wie zum Beispiel Xetra-Gold) nach einer Haltedauer von 12 Monaten nicht unter die Abgeltungsteuer fallen (BFH VIII R4/15, VIII R35/14, VIII R19/14 vom 12.05.2015).

Es empfiehlt sich, im Einzelfall den Steuerberater zu konsultieren.

Goldbarren und Goldmünzen-Sammlungen sind Wertsachen, die im Erbfall der *Erbschaftsteuer* unterliegen. Im Einzelfall ist zu prüfen, ob sie unter die verschieden hohen Freibeträge fallen, die sich nach dem Verwandtschaftsgrad der Erben staffeln.

11. Wie ist Gold auf seriösem Weg zu kaufen?

Seit Gold gehandelt wird, wird auch betrogen. Deshalb gilt der Leitspruch ‚Trau, schau, wem' unverändert weiter. Wer im freien Handel oder auf der Ferienreise im Souk Gold einkauft, geht Risiken ein. Deutsche Privatanleger bevorzugen im Allgemeinen vertrauenswürdige Quelle. Wie zu erwarten wenden sie sich an ihre Bank, Sparkasse oder bekannte, etablierte Edelmetallhändler. Die Seriosität der Einkaufsquelle ist ein erster wirkungsvoller Schutz. Laien werden beim Goldkauf immer wieder getäuscht. Denn Barren und Münzen sind frappierend gut zu fälschen, genauso wie die begleitenden Zertifikate und Echtheitsbescheinigungen. Im Prinzip lässt sich nahezu alles fälschen, von der Stempelprägung, dem Hersteller-Logo, der Seriennummer bis zum Prägejahr und den Barren-Maßen. Je höher der Goldpreis, desto lohnender der Aufwand für die Fälschung. Selbst Sicherheitshologramme auf der Rückseite der Barren sind nicht mehr ganz fälschungssicher, wie in der Presse zu lesen war.

Wie sieht eine plumpe Fälschung aus? Die Mantelschicht besteht aus Gold, der Kern jedoch aus dem Schwermetall Wolfram, damit fühlt sich der Barren scheinbar echt an. Diese Fälschungsart ist wohlbekannt und lässt sich heute schnell mit den gängigen Prüfmethoden erkennen.

Die echten Barren sind mit Stempeln versehen, die Herkunft, Gewicht, Feingoldgehalt und Prägezeitpunkt erkennen lassen. Die Begleitzertifikate enthalten die Seriennummer des Barrens, das Hersteller-Logo, den Feingehalt und auch die Außenmaße des Barrens. Ein Zertifikat macht den Goldbarren jedoch nicht automatisch sicher, denn ein Zertifikat ist kein Garantieschein.

Klassische Anlage-Goldmünzen wie der American Eagle, Maple Leaf oder Philharmoniker (Bullion Coins) werden auch deshalb geschätzt, weil sie aus staatlicher Münze stammen und die Regierung, die Treasury bzw. das Finanzministerium, Qualität und Echtheit garantieren.

Stark beschädigte oder stark zerkratzte Oberflächen machen misstrauisch beim Verkauf. Daher werden Kleinbarren oder Münzen auch in

Spezialfolie eingeschweißt angeboten. Ein eigenes Qualitätsmerkmal ist dies jedoch nicht.

Wie wichtig eine seriöse Quelle des Kaufs ist, belegt eine leider erfolgreiche Betrugsmethode dieser Art: ein Gauner-Duo aus dem Raum Stuttgart hat Goldbarren, angeblich in einem Zollfreilager der Schweiz lagernd, zum Kauf angeboten. Sie erbeuteten nach polizeilichen Angaben rund 2,6 Mio Euro. Die Anleger haben nie Gold gesehen. Der Umweg über die Schweiz war auch überflüssig, da Gold in Deutschland mehrwertsteuerfrei und beim heutigen Preis in kleinen Mengen (z.B. 250 Gramm) auch anonym zu erwerben ist (Fragen 8 und 10).

Sammlermünzen sind bisweilen Legierungen aus Gold mit einem anderen Metall, wie Kupfer, Silber, Nickel. Der Feingoldgehalt ist dann etwas niedriger als das Gewicht der Münze. Im seriösen Handel wird dieser Unterschied angegeben und erklärt, das Internet bietet Recherche und Vergleichsmöglichkeiten.

Bekannte Edelmetallhändler, Prägeanstalten, Schmelzen und Scheideanstalten sind schon aus unternehmerischem Eigeninteresse auf Seriosität und einen guten Ruf bedacht.

Die London Bullion Market Association (LBMA), der Verband des professionellen Goldhandels in London, akzeptiert nur Goldbarren von Herstellern (Refiners) ihrer Good-Delivery- Liste. Diese ist auch online abzurufen. Darin finden sich die Namen der Refiner und Assayers, also der Unternehmen, die nach den Standards und Qualitätskriterien der LBMA die Barrenherstellung, Goldanalyse und Edelmetallscheidung vornehmen (LBMA The London Bullion Market Association 2014). Die Namen für Deutschland auf der ‚current list' (Stand 2018) lauten:

- Agosi Allgemeine Gold- und Silberscheideanstalt AG, Pforzheim
- Aurubis AG, Hamburg
- C. Hafner GmbH & Co. KG, Pforzheim
- Heimerle + Meule GmbH, Pforzheim
- Heraeus Deutschland GmbH & Co. KG, Hanau

Wenn ein Barren ein Logo und eine Namensprägung besitzt, die nicht mehr in der aktuellen Liste stehen, muss er erneut zertifiziert werden. Als Zeichen der Echtheit erhält er einen zweiten Marken-Stempel in der unteren Hälfte des Barrens, der von einem Unternehmen der aktuellen Liste stammen muss. Damit ist der tatsächliche Feingoldgehalt wiederum bestätigt.

Ein Beispiel: Die Degussa Handels AG mit der Stempelmarke Sonne/Mond/Diamant gibt es in der aktuellen Liste nicht mehr. Daher haben die Barren mit diesem bekannten, aber alten Stempel ein zweites Stempelzeichen der Argor Heraeus Refiner, Schweiz, einem Unternehmen aus der aktuellen Good-Delivery-Liste. Damit sind Echtheit und Qualität neu bestätigt.

Beim seriösen Ankauf aus Privatbesitz wird der Barren auf Echtheit geprüft. Zu den Analysemethoden gehören zum Beispiel die Röntgenfluoreszenzanalyse RFA (Feingehalt des Oberflächengoldes), die Messung der spezifischen elektrischen Leitfähigkeit und der Homogenität des Metalls mittels Ultraschall. Die Spezialisten der Goldscheideunternehmen sind heute in der Lage, sogar die Minen-Herkunft des Goldes zu analysieren. Das ist wichtig, um beispielsweise zu verhindern, dass ‚Blut-Gold' in Umlauf kommt, eben Gold aus zweifelhafter Quelle, von terroristischen Organisationen, aus Geldwäsche oder Steuerhinterziehung.

12. Ist der Goldpreis vorherzusagen, gibt es Ober- und Untergrenzen?

Finanzmärkte leben in der Überzeugung, Preise und Kurse vorhersagen zu können. Diesen Optimismus stützen die Methoden der Statistik und Berechnungen zur Wahrscheinlichkeit von Preisveränderungen; mit ihrer Hilfe lassen sich tatsächlich Aussagen zur Zukunft aus Daten der Vergangenheit gewinnen. Es sind dazu einige Annahmen nötig, die stillschweigend akzeptiert werden. Eine sehr wichtige ist zum Beispiel, dass die Daten normalverteilt sind (grafisch eine Glockenkurve bilden); in einer stabilen Welt ist dies unproblematisch und beinahe zutreffend. In der Realität treten jedoch immer wieder völlig überraschende und höchst unwahrscheinliche Ereignisse auf, die diese Annahme aushebeln und alle Prognosen über den Haufen werfen.

Ein paar Beispiele aus der Finanzwelt: Wer hätte etwa den Untergang der großen US-Investmentbank Lehman Brothers im September 2008 für möglich gehalten? Wie wahrscheinlich ist es, dass die Banken der Welt sich überhaupt nicht mehr über den Weg trauen und nicht einmal mehr Gelder über Nacht ausleihen, was vorher eingefahrene Routine war? Es klingt höchst unwahrscheinlich und passierte doch 2008/2009. In dieser Zeit kletterte der Goldpreis von Rekord zu Rekord, das hatte niemand vorhergesehen. Denn jahrzehntelang hatte sich der Goldpreis wenig nach oben oder unten bewegt und zwischen 400 und 600 Dollar eingependelt. Entsprechend verhalten waren alle Preisprognosen zu Beginn des neuen Jahrtausends.

Vor 1968 waren Preisprognosen nicht einmal nötig. Die wichtigen Notenbanken der Industrieländer hatten den Preis auf 35 Dollar je Feinunze fixiert und verteidigten ihn mit allen Mitteln, wann immer er davon abweichen wollte. Als dies nach 1968 trotz konzertierter Aktionen nicht mehr gelang, wurde der Goldmarkt aus der Preisbindung entlassen. Nach 1971 war der US-Dollar nicht mehr gegen Gold zu einem festen Wert zu tauschen. Der freie Goldhandel bestimmt seither den täglichen Preis.

Dieser historische Zustand der Goldpreisfixierung durch Notenbanken kann - realistisch betrachtet - nicht zurückkehren. Die verfügbare Menge an Gold würde einfach nicht ausreichen, die umlaufende Geldmenge der heutigen Weltwirtschaft in irgendeinem sinnvollen Verhältnis zu decken (Fragen 22 bis 24).

Der Preis des Goldes wird heute von sehr verschiedenen Einflussgrößen bestimmt. Angebot und Nachfrage im Goldhandel sind nur eine Komponente. Das einfache Preismodell geht davon aus, das Angebot und Nachfrage sich beim ‚richtigen Preis' genau ausgleichen; die Realität ist jedoch ein bißchen komplexer.

Ein kleines Beispiel: Als im Frühjahr 2014 ein ranghoher Vertreter der sehr großen US-Investmentbank Goldman Sachs den Goldpreis im November bei 1200 Dollar/Feinunze sah, vermutete die Branche, dass eine große Goldposition in Terminkontrakten aufgebaut war (Optionen, Forwards), die mit Gewinn aufgelöst werden sollte. Der Goldpreis fiel tatsächlich stetig in Richtung 1200 Dollar. Zufall oder Absicht? Man mag selbstverständlich denken, was man will. Es wurde jedoch in der seriösen Wirtschaftspresse eine psychologische Einflussnahme auf den Markt vermutet. Dazu bedarf es allerdings schon einer herausragenden Stellung im Finanzmarkt: beispielsweise einer Marktmacht im jeweiligen Segment, hier des Terminhandels in Gold, eines erstklassigen Netzwerkes an Kunden und Branchen-Persönlichkeiten, das durch verlässliche Verhaltensweisen funktioniert, sowie einer Führungsrolle in der Meinungsbildung, der kleinere Marktteilnehmer bereitwillig folgen gemäß dem Motto ‚follow the leader'.

Und es bedarf einer guten Einschätzung des zukünftigen Angebots und der Nachfrage. Gerade im Goldgeschäft ist das möglich: Anbieter sind die Goldminengesellschaften, deren Fördermengen und Reserven bekannt sind. Nachfrager sind zum einen private Anleger rund um die Welt, deren Verhalten gegenüber Gold erkennbaren Mustern folgt, wie in den Eingangsfragen (1und 2) erläutert.

Das Verhalten der Notenbanken gegenüber ihren Goldreserven ist aus guten Gründen relativ stabil, wie in den Fragepunkten 22 bis 24 dargelegt wird.

Ein kurzfristig sehr variables Verhalten gegenüber Gold ist allerdings an den Börsen zu beobachten. Die Händler in Goldprodukten können kurzfristig Tonnen an Gold für ihre Termingeschäfte und verbriefte, börsengehandelte Goldpapiere benötigen und genauso schnell wieder als Angebot in den Markt zurückgeben.

Dieses kurzfristige Hin und Her löst Preisschwankungen aus, die sich extrem aufschaukeln können, wie in der Goldpreis-Bonanza 2008 bis 2013 gut zu beobachten war.

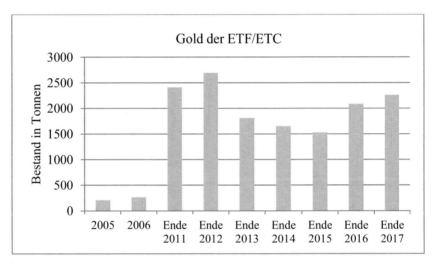

Grafik 12 - mit physischem Gold unterlegte ETF/ETC (Gold-Indexfonds börsengehandelt) (nach WGC 2014, GFMS 2014-2018)

Grafik 12 zeigt, wie schnell eine Handvoll Finanzanbieter von Gold-Indexfonds oder ‚Gold-Trackers' – das sind Fonds- bzw. Trust-Konstruktionen auf physischen Goldbarren - größere Tonnen-Bestände auf- und abbauen kann und damit (gewollt oder ungewollt) auf einen Preistrend Einfluss nimmt. Allein ein einziger amerikanischer Trust,

SPDR Gold Shares, verfügte Ende 2012 über 1350 Tonnen Gold. In nur einem Jahr, Ende 2013, - der Goldpreis hatte eine scharfe Kehrtwende von 1680 Dollar in Richtung 1200 Dollar gemacht - hatte er bereits 40 Prozent oder 550 Tonnen wieder in den Markt abgegeben. Dessen Anleger hatten ihre Anteilscheine zurückgegeben und waren aus der Goldspekulation zügig wieder ausgestiegen.

Dem privaten Anleger wird bisweilen suggeriert, dass es zuverlässige Prognosen zum Goldpreis gibt, dass sich zumindest exakte Bandbreiten vorhersagen lassen. In der Tat gibt es Prognosemodelle der Finanzmathematik, die dank sehr leistungsfähiger Software und sehr schneller Rechner fortlaufend Preiserwartungen auswerfen.

Ein Beispiel: Das Asset Management Unternehmen BlackRock, das eine besonders komplexe und ausgefeilte Software zum professionellen Vermögensmanagement einsetzt unter dem vielsagenden Namen ‚Aladdin' (auch die Deutsche Bank nutzt es angeblich), lässt 6000 Computer und gewaltige Datenbanken für sich arbeiten, um die Wechselwirkungen neuer Ereignisse und neuer Konjunktur-Statistiken auf Preise und Kurse superschnell berechnen und danach handeln zu können (The Economist 2013).

Der kleine Schwachpunkt: die Datenmengen, die verarbeitet werden, stammen alle aus der Vergangenheit, zukünftige Ereignisse, besonders die ganz außergewöhnlichen, sind nicht erfasst. Das ist einfach nicht möglich. Aber genau diese Ungewissheit der Zukunft birgt die echten Risiken für den Finanzmarkt und wirkt sich auf die Preise aus, z.B. den zukünftigen Goldpreis.

Anders gesagt: da die Zukunft offen und ungewiss ist, auch für Goldhändler und Börsianer, sind Prognosen im Grunde nicht zuverlässiger als Kaffeesatzlesen. Mal können sie zutreffen, dann wieder überhaupt nicht.

Da der Nimbus des Goldes weltweit sehr hoch ist, verlassen sich viele private Investoren auf ihr Bauchgefühl, dass der Wert des Goldes niemals Null werden kann und damit der Preis des Goldes nicht ins Bodenlose fallen wird. Eine verlässlichere Aussage erscheint auf längere Sicht - drei, fünf oder gar zehn Jahre - auch nicht möglich.

Eine realistische Untergrenze in der Goldpreisentwicklung ist langfristig bei den Kosten zu suchen, die zwangsläufig mit der Förderung von Rohgold entstehen. Wenn der Preis dauerhaft darunter, also unter den nackten Förderkosten bliebe, würde es sich für viele Bergbauunternehmen nicht lohnen aktiv zu sein. Da Gold auch als Nebenmetall in ergiebigen Kupferminen anfallen kann, ist die Berechnung dieser Gestehungskosten nicht ganz so einfach (Näheres in den Fragen 5 bis 7).

Aktuell wird die mittelfristige Preisuntergrenze für Gold bei etwa 1200 Dollar/Feinunze angesetzt. Das ist jedoch nur ein grober Anhaltspunkt unter der Annahme, dass die Randbedingungen der Förderung sich wenig verändern: Umweltauflagen, Explorations- und Finanzierungskosten sowie Royalties (Gebühren) an die Lizenzgeber der Bohr- und Förderrechte unterscheiden sich erfahrungsgemäß von Land zu Land und können sich auch abrupt ändern.

Eine weitere wichtige Annahme ist, dass der bereits vorhandene Goldbestand jemals geförderten Goldes von rund 192.000 Tonnen, in den Händen privater und öffentlicher Besitzer, nicht plötzlich und unerwartet in großen Mengen an den Goldmarkt kommt.

Das Verhalten privater Goldbesitzer in Asien/Indien, insbesondere das Schmuck- und Kleinbarren-Gold, könnte durchaus kurzfristig eine kritische Größe für die Zukunft des Goldpreises werden. Die plötzliche Abgabe großer Goldmengen aus Privatbesitz sollte man nicht vorschnell ins Reich der Phantasie abschieden. Es erscheint vorstellbar, dass die superschnelle Information des Internets nachahmendes Verhalten weltweit anstößt, wenn geeignete äußere Ereignisse eintreten. Der Goldpreis würde dann kurzfristig schnell sinken.

Nach oben hin ist die Goldpreisentwicklung im Prinzip offen. Das wird niemanden verwundern, schließlich kommt ein steigender Goldpreis sehr vielen Interessen zugute. Oftmals gilt einfach - je höher desto besser. So profitieren zum Beispiel die Unternehmen in Exploration und Bergbau, ihre Förderung wird lukrativer, die Kosten sind durch höhere Erlöse besser gedeckt.

Die Terminbörsen und Wertpapierbörsen mit Goldprodukten profitieren von steigenden Handelsumsätzen, steigende Goldpreise heizen die Spekulation an.

Edelmetallhändler, Prägeanstalten und Goldscheideanstalten (Refiner) profitieren von steigender Nachfrage zur physischen Goldanlage, wenn Privatanleger glauben, dass der Zeitpunkt zum Goldkauf richtig ist und steigende Goldpreise zu erwarten sind.

Jede panikähnliche Stimmung zur Zukunft der Weltwirtschaft oder zu geopolitischen Bedrohungen kann im Prinzip ebenfalls einen Preisanstieg kurzfristig befeuern.

In der Umkehrung brechen Preisrallyes ab, sobald die Randbedingungen sich ändern. Das Beispiel des Goldpreises zwischen 2008 und 2012 belegt es sehr anschaulich: Höchste Verunsicherung und große Zukunftsängste hatten sich breit gemacht: Kollabiert das Bankensystem? Werden Staaten in der Eurozone Pleite gehen? Werden die USA ihre Schuldenobergrenze im Staatshaushalt anheben (so genannter ‚cliff hanger') oder nicht? Bricht das Eurosystem auseinander? Verdüstern sich die Konjunkturaussichten dramatisch? Wird die US-Notenbank ihren Ankauf öffentlicher Anleihen zurückfahren oder ausweiten? Werden europäische Regierungen Konjunkturprogramme in Aussicht stellen, die auch wirken? Wird das Wirtschaftswachstum in China anhalten oder zurückgehen? Wird China seine Landeswährung vom Dollar lösen und wie schnell? Viele offene Fragen ohne klare Antworten.

Als sich die Zins- und Dividendenerwartungen für die typischen Finanzprodukte, - Aktien, Anleihen, Rohstoffe, Währungen – stabilisiert und die kurzfristigen Rendite- und Risikoeinschätzungen normalisiert hatten, verlor Gold sehr schnell seinen spekulativen Glanz.

Was bedeuten diese Beobachtungen für den privaten Anleger? Freud und Leid liegen beim Gold sehr eng beieinander: Wenn man Preisrückgänge nicht aussitzen kann, weil man den Barren kurzfristig in Bargeld wandeln muss, ist ein Goldinvestment heikel zu beurteilen. Ansonsten könnte man mit langem Atem den nächsten Preisanstieg abwarten.

13. Wer nimmt Einfluss auf die Preisentwicklung?

Verschiedene professionelle Gruppen im Goldmarkt haben ein hohes Interesse daran, dass sich der Goldpreis intensiv bewegt. Dazu zählen vor allem Finanzdienstleister und Händler:

- Goldhändler im Kassahandel des Interbankenmarktes
- Goldhändler im Terminmarkt an der Börse oder over the counter (OTC), das heißt zwischen Banken direkt
- Börsenhändler in den Handelssegmenten Zertifikate, Optionsscheine
- Lokale Edelmetallhändler, die Gold an Privatkunden verkaufen und mit den Gepflogenheiten des örtlichen Marktes vertraut sind: in Indien, China und Japan, in Nahost, Europa oder Nord- und Südamerika
- Hedge Fund Manager, die neben vielen anderen Anlageformen auch börsengehandelte Goldinvestments einsetzen, um jährliche Renditevorgaben zu erreichen
- Emittenten von neuartigen Indexfonds, genannt ETC (manchmal auch ETF) in Gold. Es handelt sich um spezielle Konstrukte mit Unterlegung von physischem Gold. Je mehr ETC-Anteile ausgegeben werden, umso mehr Goldbarren müssen bereitgestellt und treuhänderisch verwaltet werden. Es entsteht eine zusätzliche Goldnachfrage, was sich preistreibend auswirken kann (Grafik 13)

Der parallele Trend in der Grafik fällt sofort auf und sagt mehr als viele Worte: steigender Goldpreis und steigender Goldbarrenbestand bei börsengehandelten Gold ETC/ETF zwischen 2009 und 2013 stehen im engen Wechselspiel. Als der Preis-Peak überschritten war, schmolzen auch die Bestände rasch wieder ab.

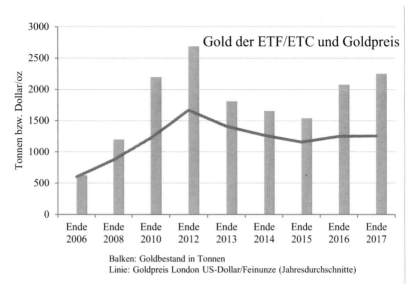

Grafik 13 - ETC/ETF Goldbestand, Veränderungen in der Preisrallye (nach GFMS 2014-2018)

Die Börsen, insbesondere Terminbörsen mit Edelmetall- und Metallkontrakten (das ist der Handel in Futures und Optionen), haben Interesse an Preisbewegungen, die viel Handelsumsatz nach sich ziehen. Als Dienstleister der Finanzmarkt-Akteure verdienen sie damit Geld, dass immer mehr Orders und Kontrakte über ihre hochmodernen Rechenzentren laufen. Sie selbst beeinflussen den Goldpreis jedoch nicht aktiv.

Wenig Interesse an starken Preisveränderungen haben naturgemäß die Industrieunternehmen, die Gold in ihren Produktionsprozessen oder Produkten benötigen (Elektronik etc.). Und auch die Schmuckhersteller bevorzugen stabile Preise; bei deutlichen Preissteigerungen mussten sie in der Vergangenheit in vielen Ländern Umsatzrückgänge hinnehmen, vor allem in Europa und Nordamerika (siehe dazu auch Frage 2).

Notenbanken verfolgen mit ihren Goldbeständen andere Ziele als die Teilnahme an der Preisspekulation (Fragen 22 bis 24). Einerseits dürfen sie sich nicht dem Vorwurf aussetzen, den nationalen Goldschatz leichtfertig und preiswert verkauft zu haben. Andererseits weckt ein starker

Goldpreis auch immer Begehrlichkeiten, den Wert des Goldes volkswirtschaftlich ‚sinnvoller' einzusetzen als in Tresoren zu lagern.

Die politischen Diskussionen können dann auch seltsame Blüten treiben. So stand in der Schweiz im November 2014 die so genannte ‚Goldinitiative' zur Abstimmung. Unter anderem war darin auch ein fixer Satz von 20 Prozent der Bilanzaktiva für die Goldreserve gefordert. Die Schweizer Bürger lehnten den Inhalt des Vorstoßes zum nationalen Goldbestand mehrheitlich ab.

Selten gestellt wird die Frage, was passieren würde, wenn Schmuckgold aus privatem Besitz in großen Mengen und in kurzer Zeit wieder an den Markt käme. Angesichts der beachtlichen 91.000 Tonnen Gold gebunden in Schmuck könnten Verhaltensänderungen der Menschen ein beträchtliches zusätzliches Angebot schaffen und den Goldpreis durchaus beeinflussen.

Eine erste Antwort gibt vielleicht das bisherige Verhalten. In Industrienationen zeigt sich die Goldschmuck-Nachfrage sehr preiselastisch, was bedeutet: je stärker der Goldpreis steigt, umso mehr halten sich die Käufer zurück. In Europa, auch in Deutschland, ist die Schmucknachfrage in Feingold-Qualität seit Jahren rückläufig. Schmuck wird nicht als Anlageobjekt gesehen. Design, Status- und Luxusaspekte spielen eine viel größere Rolle.

In Asien hingegen sind andere Muster zu beobachten. Beispielsweise in Indien wirken sich fallende oder steigende Importzölle oder mengenmäßige Einfuhrbeschränkungen stärker auf den Goldverbrauch aus als eine Preisveränderung. In China besteht ein großer Nachholbedarf unabhängig vom Preis; immer mehr Menschen wollen ihren Wohlstand zeigen, der Goldschmuck-Absatz hat sich in zehn Jahren vervierfacht. Dieser Trend dürfte noch eine Zeitlang anhalten angesichts der extremen Bevölkerungsdichte in China.

In knappen Worten gesagt: Dort, wo Schmuck traditionell der Wertaufbewahrung und Hortung für die Wechselfälle des Lebens dient, spekulieren die Besitzer nicht auf steigende Goldpreise und trennen sich nicht voreilig von ihrem Goldbesitz, wenn der Preis hoch ist. Dort, wo

Schmuck der Dekoration und dem Status dient, kommt bei steigendem Preis Gold aus altem Schmuck (Altgold) relativ schnell an den Markt. Das lässt sich zum Teil auch aus der länderspezifischen Recycling-Rate für Gold ablesen (Frage 4).

14. Welche Rolle spielt das Londoner Gold Fixing?

Im März 2015 wurde die tägliche Goldpreis-Feststellung auf eine digitale Plattform übertragen. Vorbei sind damit 100 Jahre Tradition im Ablauf täglicher Rituale des ‚London Gold Fix'. Es begann im September 1919 und war nur im Zweiten Weltkrieg sowie einige Tage während der Pfundkrise 1968 ausgesetzt. Es gibt keine holzgetäfelten Räume mehr, wo die Teilnehmer zum Fixing zusammenkommen, keine Fähnchen, die sich heben oder senken, keine eingeschworene Runde in einer kleinen Telefonkonferenz.

Auf einer vollelektronischen Plattform treffen sich jetzt die akkreditierten Teilnehmer zur Goldauktion und Preisfeststellung (lbma.org.uk/lbma-gold-price). Derzeit sind es zwölf Banken: Barclays Bank, Bank of China, China Construction Bank, Goldman Sachs International, HSBC USA, JP Morgan, Morgan Stanley, Société Generale, Standard Chartered, The Bank of Nova Scotia-ScotiaMocatta, The Toronto Dominion Bank und UBS. Teilweise sind es die allseits bekannten Namen aus dem Finanz- und Rohstoffgeschäft, teilweise sind es neue Namen wie die beiden Banken aus China und die kanadische Toronto Dominion.

Unverändert wird zweimal am Tag der Goldpreis offiziell festgestellt, am Vormittag um 10:30 Uhr Ortszeit und am Nachmittag um 15:00 Uhr Ortszeit. Man sprach bisher vom Vormittagsfixing und vom Nachmittagsfixing, kurz a.m. und p.m. (ante meridiem und post meridiem (lat.)). Die vertraute Bezeichnung London Gold Fix ist ersetzt durch LBMA Gold Price mit dem Zusatz AM bzw. PM für Vormittag bzw. Nachmittag. Üblicherweise wird der Nachmittagspreis viel beachtet, weil dann die wichtige Dollar-Zeitzone geschäftlich aktiv ist, neben Europa eben auch Nordamerika, insbesondere New York.

Die Goldnotierung erfolgt immer in US-Dollar je Feinunze, sie wird sofort in Euro und Pfund (GBP) umgerechnet. Diese Notierung ist jedoch nur indikativ, nicht fest verbindlich zu verstehen. Damit ist der Dollarpreis die wichtige Orientierungsmarke, der ‚Benchmark', im gesamten Goldgeschäft. Ein Fixpunkt für den Privatinvestor und den Goldhandel mit privaten Endkunden genauso wie für Industriekunden, den Schmuckhandel und selbst für Notenbanken, die in ihren Jahresbilanzen den Goldbestand bewerten müssen.

Seit dem 20. März 2015 erfolgt die elektronische Preisfindung über den Dienstleister ICE Benchmark Administration (IBA), eine Tochtergesellschaft der Intercontinental Exchange (theice.com/iba). Sie ist als Drittpartei zur Preisfindung und Abwicklung der täglichen Goldauktionen zwischengeschaltet und fungiert als Provider. Der Preis wird im Auktionsverfahren ermittelt, wie man es von Börsen kennt. Die größtmögliche Menge, die zum Kauf und Verkauf ansteht, soll über den Preis zum Ausgleich gebracht werden. Dort, wo das gelingt, ist der Fixingpreis.

Der ‚LBMA Gold Price' hat den Status einer regulierten Benchmark (gemäß den Vorschriften des britischen Financial Services and Markets Act und der Finanzaufsicht, FSMA 2000 Order 2001). Damit soll Spekulationen über denkbare Preismanipulationen wohl der Boden entzogen werden. Der Argwohn möglicher Preisbeeinflussung war in den letzten Jahren genährt worden, insbesondere seit es einen großen Skandal gegeben hat bei einem anderen täglichen Fixing, dem LIBOR Londoner Interbankenzinssatz, mit ebenfalls wenigen, ausgewählten Banken. Der LIBOR ist ein wichtiger Benchmark für Kreditgeschäfte aller Art. Es wurden wahrscheinliche Manipulationen ans Licht befördert und hohe Strafzahlungen verhängt.

Die zur täglichen Preisfindung gehandelte Menge an Goldbarren des Qualitätsstandards ‚Good Delivery' (Frage 11) entspricht nicht der Menge des täglich weltweit gehandelten Goldes. Allein am Handelsplatz London (in der Fachsprache loco London) werden beispielsweise täglich Millionen Unzen Gold über ein zentrales Clearing System (Aurum LBMA) abgerechnet. In 2013 waren es im Durchschnitt 21,95 Mio Unzen am Tag, das entspricht rund 680 Tonnen Gold mit einem Wert von rund 31 Mrd. US-Dollar (LBMA 2015).

Ein kleines Beispiel: Zur Feststellung des Referenzpreises Gold am 3. Juni 2015 nachmittags traf das Angebot von 44.857 Unzen auf eine Nachfrage von 57.504 Unzen. Umgerechnet waren es angebotene 1,395

Tonnen und nachgefragte 1,788 Tonnen. Die Auktion dauerte kaum eine Minute, der LBMA Gold Price war 1190 Dollar, umgerechnet in Euro 1059,33 Euro und in Pfund 776,76 GBP (www.theice.com/ marketdata).

Im Großhandel, dem Geschäft zwischen Großbanken, Goldscheide-Unternehmen (Refiner), Produzenten und Großanlegern, werden ganz andere Volumina umgeschlagen, beispielsweise Mindestvolumina von 1000 Unzen und tägliche Mengen von 600 Tonnen. Beim aktuellen Goldpreis entsprechen die Handelswerte pro Transaktion durchaus einer Mio. Dollar aufwärts.

Die globale digitale Vernetzung der Finanzmärkte und Finanzakteure, der Handel in Goldkontrakten an Terminbörsen und neue Finanzprodukte mit Gold als Basiswert bewirken eine sekündliche Aktualisierung des Goldpreises, in der Regel allerdings innerhalb einer kleinen Bandbreite zum Tages-Fix.

Rückblickend sind sich viele Wirtschaftshistoriker heute einig, dass die Einrichtung des Goldpreisfixings 1919 vor allem zwei Ziele hatte: Sie sollte den Rang Londons als wichtigstem Finanzplatz der Welt und als Zentrum des Pfund Sterling Wirtschaftsraumes unterstreichen. Und sie sollte den Nachschub von südafrikanischem Gold nach London gegen neue Konkurrenz in New York sicherstellen. Zu Zeiten des Goldstandards in der Währungsordnung (Frage 24) galt die Sicherung des Goldbedarfs als eine Kernaufgabe der Bank von England.

Die Rolle des hundertjährigen Fixing-Rituals ist ohnehin nur aus dem historischen Kontext verständlich, aus einer Zeit, als das Telefon das schnellste Verständigungsmittel war. Das erste ‚Gold Fix' fand in den getäfelten Räumen der Rothschild Bank London statt. Erst ab 2004 vereinfachte sich das Prozedere im Wege einer Telefonkonferenz, da war die Rothschild Bank aus dem Kreis der fünf Teilnehmer bereits ausgeschieden.

15. Wo lagern Goldbarren am besten?

Ein physischer Barren liegt angenehm in der Hand, vermittelt das gute Gefühl der Sicherheit und beruhigt für den Fall, dass alle Stricke reißen und Gold als Notreserve dienen kann. Daher haben viele Privatinvestoren den Wunsch, ihr Gold-Eigentum – ob Barren oder Münzen - in persönlicher Nähe aufzubewahren, sicher und vor Diebstahl geschützt. Dazu gibt es verschiedene Möglichkeiten.

Das Gold soll zu Hause aufbewahrt werden:

- Es wird ein Haustresor in der Wohnung oder im Eigenheim eingebaut. Der Panzerschrank muss bestimmte Kriterien erfüllen, damit er von der Versicherung anerkannt wird. Insbesondere die Stabilität des Tresors und die Solidität des Einbaus sind wichtig.
- Der Versicherungsschutz wird angepasst in Absprache mit der Hausratversicherung. Das bedeutet in der Regel eine höhere jährliche Prämie. Wertsachen aller Art sind in guten Policen meist nur in einer Gesamthöhe zwischen 25.000 bis 50.000 Euro mitversichert, Angaben dazu finden sich im Kleingedruckten der Versicherungsbedingungen. Unter Wertsachen fallen Schmuck, Wertpapiere, Antiquitäten und auch Dinge aus Gold, Silber, Platin einschließlich der Münzen- und Medaillensammlung. Die versicherte Standardsumme wird oft nicht ausreichen, um zusätzliche Goldanlagen zu schützen. Die Werte summieren sich oft schnell, wenn man sich im eigenen Haushalt genauer umschaut.

Das Gold wird außerhalb der eigenen vier Wände gelagert:

- Dazu bietet sich beispielsweise ein Schließfach im Tresorraum der Hausbank an. Je nach Größe des Fachs können meist maximal 10 kg aufgenommen werden. Diese Aufbewahrung nutzen deutsche Privatanleger gerne. Es empfiehlt sich, den maximalen Versicherungsschutz für das Schließfach zu erfragen.
- Bereits beim Goldkauf bieten beispielsweise Edelmetallhändler an, eine sichere Aufbewahrung bei privaten Wertaufbewahrungs-Anbietern zu vermitteln. Es wird dann eine jährliche Aufbewah-

rungsgebühr fällig. Auch hier empfiehlt es sich, die versicherte Maximalsumme abzuklären und die Frage zu stellen, wie schnell man im Notfall an seine Barren herankommt.

Das Gold soll im Ausland aufbewahrt werden:
- Es ergeben sich zunächst dieselben Überlegungen wie im Inland. Kaum jemand wird so leichtsinnig sein, Goldbarren in der Ferienwohnung aufzubewahren. Das Schließfach einer Bank bietet sich wiederum an, private Wertaufbewahrungs-Dienstleister ebenso. Zollfreilager machen für Gold wenig Sinn, da An- und Verkauf in Deutschland ohnehin Mehrwertsteuer befreit sind.

Welche Aufbewahrung man auch wählt, zusätzliche Kosten der Lagerung fallen immer an, ebenso zusätzliche Mühen, etwa das zuverlässigste Unternehmen der Werteverwahrung in der Nähe oder Ferne zu finden und die Goldbarren dorthin zu transportieren. Es sei denn, man verzichtet ganz auf den Schutz vor Einbruch-Diebstahl.

Notenbanken scheinen es leichter zu haben, aber kaum kostengünstiger: Ihre großen Goldbestände lagern in eigenen Hochsicherheitstresoren.

Beispielsweise liegen sehr viele Standardbarren (400 Unzen oder rund 12,5 kg) aus historisch-politischen Gründen in New York und London. Auch Zürich ist ein Ort mit hohen Lagerbeständen.

Die USA und Kanada garantierten in Zeiten des kalten Krieges am zuverlässigsten die freie Verfügbarkeit und höchste Sicherheit. Die Deutsche Bundesbank beispielsweise lagerte bisher in New York (rd. 1500 t), in London (445 t) und in Paris (374 t). Inzwischen hat sich diese Verteilung geändert, seit 2017 ist Frankfurt der zentrale Lagerort für gut die Hälfte des Goldes, das sind 1710 t, in New York liegen noch 1236 t verwahrt (Bundesbank 2017). Der Weg des Goldes zurück nach Frankfurt wurde in einer speziellen Ausstellung ‚Gold. Schätze der Bundesbank' im Frühjahr 2018 für jedermann sichtbar gemacht.

Die Goldtresore der Federal Reserve Bank New York, tief im Granitgestein Manhattans eingelassen, können interessierte Besucher auf einer geführten Tour kennen lernen. (Fed NY 2015). Dort sind über 6300 Tonnen gelagert, viele Barren auch von ausländischen Notenbanken.

Die Gold-Lagerräume der Bank von England lassen sich bequem auf einer virtuellen Tour inspizieren, die als App herunterzuladen ist (www.bankofengland.co.uk/Pages/info/virtualtourapp.aspx).

Gold an der Börse

16. Gold-Wertpapiere für den Privatinvestor?

Neben Barren-Gold im persönlichen Besitz gibt es die Möglichkeit des ‚Börsen-Goldes' zur Spekulation auf die Veränderung des Goldpreises. Die Idee der Sicherheit und des persönlichen Besitzes spielen hierbei jedoch gar keine Rolle. Es geht ausschließlich um die Erwartung von Preis- und Kursänderungen zum eigenen Vorteil, sprich zur Mitnahme von Gewinnen in relativ kurzer Zeit.

Diesem Zweck dienen vor allem börsengehandelte Finanzkonstrukte, die man beispielsweise über die Börsen in Frankfurt oder Stuttgart schnell kaufen und wieder abstoßen kann.

Strukturierte Produkte auf Gold wie Zertifikate, Hebelprodukte mit Knock-out-Punkt oder strukturierte Anleihen sind Beispiele dafür.

Eine andere Möglichkeit bieten Indexfonds, die sich entweder eines speziellen Aktienindex oder eines Rohstoffindex bedienen, um Gewinne zu erzielen. Alternativ gibt es auch klassische Investmentfonds zur Beteiligung an ausgewählten Aktien von Bergbaugesellschaften, die Goldminen betreiben.

An Terminbörsen wird mit Gold-Futures oder Gold-Optionen im großen Stil spekuliert. Dort werden Goldkontrakte in Größenordnungen gehandelt, die für Privatanleger außerhalb ihrer Reichweite liegen.

All diese Möglichkeiten nutzen Gold in seiner Funktion als Commodity, als standardisierte Handelsware mit täglich neuen Preisen. Mit genau denselben Wertpapieren und Kontrakten (Terminbörsen) wird auch auf alles andere gewettet, was fortlaufend Preis- bzw. Kursveränderungen erfährt: Erdöl, Kupfer, Kakao, Aktien, Indizes, Währungen usw. Die Liste ist sehr lang und umfasst eben auch Edelmetalle, allen voran Gold.

Die Chancen auf Gewinne hängen ausschließlich von den Erwartungen zur Preisänderung ab. Liegt man richtig oder falsch, dann sind Gewinne möglich, genauso aber Verluste.

Chance und Risiko liegen eng beieinander, gerade auch beim ‚Börsen-Gold'. Das Motiv der Sicherheit, warum die meisten Privatanleger wohl Gold kaufen, fällt ganz weg.

Ein Beispielszenario für die Preisspekulation: 2013 fiel der Goldpreis in wenigen Wochen um 30 Prozent gegenüber seinem Höchststand in 2012. Alle Finanzkonstrukte mit Wetten auf einen steigenden oder sich seitwärts bewegenden Goldpreis verloren ebenfalls kräftig. Kurzfristig denkende Börsianer verließen den ‚sicheren Hafen' Gold und schichteten um in Wertpapiere mit Zinsen, Dividenden und anderen Renditen. Sie wandten sich wieder verstärkt den Papieren zu, die dauerhaft kalkulierbare Renditen erbringen.

Das erschien sinnvoll, weil sich die große Ungewissheit über die wirtschaftliche Zukunft und Ängste vor hohen Vermögensverlusten begonnen hatten zu verflüchtigen: Der amerikanische Kongress hatte das Verschuldungslimit der USA in letzter Sekunde angehoben, die europäische Staatsschuldenkrise schien abgewendet. Die Eurozone war nicht auseinander gebrochen. Die Konjunkturdaten stabilisierten sich, die Erwartungen zur Weltwirtschaft klangen weniger pessimistisch. Die Angst vor einem unkontrollierbaren Finanzkollaps war bei Seite geschoben.

Daraus wird ersichtlich, dass Börsengold in erster Linie für professionelle Geld- und Vermögensmanager entwickelt wurde, die berufsmäßig relativ kurzfristige Anlageziele verfolgen, eigene Chance-Risiko-Profile zusammenstellen und berechnen lassen und finanzielle Jahresziele erreichen müssen. Zinsloses Gold im Tresor interessiert sie nicht. Allein der Goldpreis, seine Veränderung und die Schwankungsbreite der Veränderung (Volatilität) zählen für sie. Einfach und idealtypisch gesagt: kaufen, laufend beobachten, sofort wieder verkaufen, wenn x Prozent Gewinn mitzunehmen sind.

Im Börsenhandel mit Papieren auf den Basiswert Gold oder im Handel mit Terminkontrakten in Gold gibt es viele Regeln und Usance, die nur dem professionellen Händler vertraut sind. Es werden beispielweise minimale Handelsvolumina je Order oder Kontrakt verlangt. Das sind leicht 100.000 Dollar, 100.000 Euro und mehr. Limits dieser Art gibt die jeweilige Börse vor. Allein diese finanzielle Hürde können in der Regel Privatanleger nicht nehmen.

Es gibt jedoch Ausnahmen, einige börsengehandelte ‚Goldprodukte' sollen auch den (vermögenden) Privatinvestor ansprechen, ohne Volumenhindernis. Beispiele sind etwa Zertifikate und Indexfonds (ETC). Der kräftige Goldpreisanstieg ab 2006 legte es den Emittenten nahe, handelbare Goldpreiswetten auch für den Kreis der Privatanleger zu kreieren.

Gerade hier gelten jedoch unverändert die alten und bewährten Börsenregeln: Vor dem Kauf sollte man sich ausführlich informieren und nicht auf kurze Übersichten, schmale Fact Sheets oder plausible Grafiken verlassen. Chancen und Risiken, Vor- und Nachteile lassen sich am besten erkennen, wenn man Rechenbeispiele durchführt. Die finanziellen Konsequenzen sind dann meist leichter zu durchschauen.

Die leider oft mühsame Lektüre der Produkt- und Emissionsprospekte zum Börsenhandel lohnt sich immer, weil man sich damit Enttäuschung und Verluste ersparen kann. Passt das Finanzprodukt auf den Goldpreis überhaupt zu meinen persönlichen Anlagezielen? Wie hoch liegen die entstehenden Nebenkosten des Handels und welche steuerlichen Aspekte sind zu beachten?

Tabelle 22 gibt einen ersten Eindruck von den Möglichkeiten, Unterschieden, Vor- und Nachteilen börsengehandelter Goldtitel. Mit Blick auf den Privatanleger werden sie nachfolgend näher erläutert, da sie kaum selbsterklärend sind.

Tabelle 22 - Finanzprodukte basierend auf Gold - ‚Gold-Wertpapiere' (Angaben der Emissionsprospekte)

	Goldfonds	Gold ETF	Gold ETF Schweiz*	Gold ETC	Gold-Zertifikat
rechtlich	Sondervermögen geschützt (InvG, KAGB)	Sondervermögen des Emittenten	rechtlich gestaltet als Sondervermögen	Schuldverschreibung	Schuldverschreibung
inhaltlich	ausgewählte Aktien (Goldminen, Explorationsfirmen)	Aktienindex (Goldminen, Exploration) Rohstoff-Index	Gold physisch als Sicherheit	Gold physisch (Gold) Rohstoffindex (Edelmetall-Futures)	frei gestaltete Konditionen (Laufzeit, Verzinsung, Rückzahlung, Kündigung)
verbriefter Anspruch	Zahlungsanspruch	Zahlungsanspruch oder Lieferanspruch	Zahlungsanspruch oder Lieferanspruch *	Lieferanspruch oder Zahlungsanspruch	Zahlungsanspruch
Sicherheit	Sondervermögensstatus	Sondervermögensstatus	rechtliches Sondervermögen	physisch besichert oder mit anderen Sicherheiten	nein, unbesichert
Emittent	Kapitalanlagegesellschaft	Zweckgesellschaft	Fondsgesellschaft KAG	Zweckgesellschaft	Banken

* Diese ETF Konstruktion ist nur in der Schweiz gegeben; Auslieferung ab großen Mengen; rechtliche Verweigerung der Auslieferung möglich; Extra-Information nötig.

17. Sind Gold-Zertifikate für Privatanleger geeignet?

Intuitiv denkt man wahrscheinlich an Anteilscheine auf einen exklusiv reservierten Goldbarrenbestand. Diese Vermutung ist naheliegend, leider jedoch falsch. Denn Zertifikate sind ein künstliches Finanzkonstrukt. Darin verpackt steckt eine Wette auf die Veränderung des Goldpreises. Um physisches Gold geht es *nicht*.

Fachlich korrekt bezeichnet handelt es sich um strukturierte Produkte, die an Börsen genauso gehandelt werden wie Aktien und andere Wertpapiere. Der Variantenreichtum, wie Zertifikate gestaltet sein können, macht sie für Emittenten und professionelle Investorenkreise interessant. Private Anleger sind eine mögliche, aber eigentlich wenig geeignete Zielgruppe. Warum das so ist, wird aus den nachfolgenden Fakten deutlich. Dennoch investieren Privatanleger immer wieder in Zertifikate, vor allem weil sie schon mit kleineren Summen einsteigen können und ihr Börsenglück versuchen wollen.

Um jedem Missverständnis vorzubeugen, sei nochmals festgehalten: Wer sich für Gold interessiert, weil er die Sicherheit des physischen Besitzes sucht und persönlich und frei darüber verfügen möchte, der liegt bei Zertifikaten völlig falsch. Sie erfüllen genau diese Kriterien nicht. Ein Gold-Zertifikat verspricht dem Käufer nur, dass er an der Entwicklung des Goldpreises gewinnbringend teilhaben kann, falls der Goldpreis sich genau passend zu den Bedingungen des Zertifikats, das sind vor allem die Rückzahlungsbedingungen, entwickelt.

Die Auswahl des Zertifikats aus der Fülle des Angebots hängt vornehmlich an den persönlichen Erwartungen zum zukünftigen Preis. Partizipationszertifikate bedienen beispielsweise steigende Erwartungen, Discountzertifikate auch Seitwärtsbewegungen des Goldpreises. Bonuszertifikate haben oft eine obere und untere Preis-Barriere eingebaut, die die Rückzahlung entscheidend mitbestimmt. Die verschiedenen Spielarten, Fachbezeichnungen und Merkmale im Einzelnen werden beispielsweise auf den Internetseiten der Börsen Frankfurt und Stuttgart und beim Deutschen Derivate Verband, der Interessenvertretung der Zertifikate-

Emittenten, erläutert (www.zertifikate.börse-frankfurt.de) (www.boerse-stuttgart.de/boersenwissen)(www.derivateverband.de). Der Hinweis zur Vertiefung des Detailwissens soll an dieser Stelle genügen, da Zertifikate vom Anliegen dieses Buches wegführen, Gold aus dem Blickwinkel des Privatinvestors mit einem Sicherheitsbedürfnis zu beurteilen.

Ein kleines Verständnis der Kernkomponenten eines Zertifikats ist zu ihrer Beurteilung allerdings ganz nützlich. Im Prinzip sieht es so aus:

- Wertpapier-Typus: Strukturiertes Produkt
- Juristische Hülle: Schuldverschreibung
- Inhalt: frei zu vereinbaren, insbesondere die Konditionen wie
  - Laufzeit, Verzinsung, Rückzahlung,
  - Möglichkeit der Kündigung,
  - Bedingungen der Rückzahlung und Verzinsung, gebunden an eine Preisentwicklung, in diesem Fall des Goldpreises, der täglich neu ist. Diese Verknüpfung kann relativ einfach oder auch sehr komplex strukturiert sein.

Die Kursentwicklung des börsengehandelten Zertifikats selbst ist wiederum gekoppelt an die Preisentwicklung eines Basisgutes oder Basiswertes, in diesem Fall des Goldes.

Gold ist jedoch nur einer von zigtausend Basiswerten, die Zertifikate für ihre Preiswetten verwenden. Viel häufiger und beliebter sind Aktien, Indizes aller Art, Zinssätze oder Rohstoffe wie Öl und Gas, Industriemetalle und Soft Commodities etwa Kakao, Kaffee und Mais. Im Prinzip geht alles und die Kreativität der Emittenten macht sehr Vieles möglich.

Mit einem Zertifikat wettet man stets auf zukünftige Preise und die Bandbreite der Schwankungen, falls eine Knock-out-Schwelle eingebaut ist. Eine eigene Meinung zur Zukunft des Goldpreises setzt voraus, dass man sich mit dem Markt eingehend und laufend beschäftigt. Sonst gleicht die Wette einem Roulettespiel. Die persönliche Einschätzung unterliegt oft auch subjektiven Einflüssen von außen, z.B. den Aussagen von Meinungsmachern, Börsengurus oder Analysten-Berichten. Daraus ergeben sich unbemerkte Gefahren, mit falschen Erwartungen zu investieren.

Die kleine Stückelung der Zertifikate und dadurch vergleichsweise niedrige Einstiegskurse verlocken manchen Privatanleger. Auf speziell eingerichteten elektronischen Handelsplattformen der Börsen mit einer überschaubaren Eurosumme dabei zu sein, wird zudem relativ leicht gemacht.

Eine kleine Auswahl an Zertifikaten auf den Goldpreis stellt Tabelle 23 zusammen.

Tabelle 23 - Zertifikate und Hebelprodukte mit Gold als Basisgut (Beispiele)

Typus	Wette auf	Laufzeit	Kündigung	Verlustrisiko	Kapitalschutz
Partizipations-/ Indexzertifikat Gold-Tracker	Goldpreis	begrenzt oder unbegrenzt	möglich	ja	nein
Discount-Zertifikat					
Bonus-Zertifikat					
Optionsschein	Goldpreis gehebelt	begrenzt	möglich	hoch	nein
Knock-out-Produkte					

(www.eusipa.org, www.zertifikate.boerse-frankfurt.de)

Die Risiken der Zertifikate sind sehr beachtlich, gerade weil sie für Privatanleger nicht gleich zu erkennen sind.

Partizipationszertifikate, auch Indexzertifikate oder Gold-Tracker genannt, entwickeln sich gemäß der ständigen Preisveränderung des Goldes. Der Zusatz Quanto in der Bezeichnung bedeutet, dass das Währungsrisiko Dollar (Goldpreisnotierung) zu Euro (Zertifikatnotierung) ausgeklammert ist, meist mit Hilfe eines weiteren Finanzderivats. Deshalb ist das Zertifikat dann teurer, die Prämie für die eingebaute Währungsoption wird eingepreist.

Besonders aggressive Wetten auf den Goldpreis lassen sich mit Optionsscheinen und Knock-out-Produkten eingehen. Sie sind noch sehr viel risikoreicher, weil das eingesetzte Geld komplett verloren gehen kann, nicht nur teilweise. Der niedrige Kapitaleinsatz von wenigen Euro je Schein wirkt vordergründig vielleicht verlockend. Das Risiko falscher eigener Erwartung zum Goldpreis wird dabei sehr oft unterschätzt.

Im Prinzip setzt man auf einen fallenden oder einen steigenden Preis. Je stärker sich der Marktpreis des Goldes (= Basiswert) dem Ausübungspreis der Option zum Stichtag annähert, desto heftiger das Spekulationsfieber, wohin der Preis weiter gehen wird. Der Optionsschein ist so konstruiert, dass er den Gewinn prozentual höher springen lässt als der Marktpreis sich prozentual verbessert (daher spricht man vom Hebelprodukt); er kann aber auch Totalverlust bedeuten, wenn der Goldpreis gegen die Erwartung läuft. Diese Funktionsweise des Optionsscheins ist überhaupt nicht plausibel, zum besseren Verständnis muss man sich sehr eingehend mit der gehebelten Verknüpfung von Preisveränderungen befassen und Beispiele durchrechnen. Für private Anleger mit Interesse an Gold eignet er sich daher überhaupt nicht.

So genannte Knock-out-Produkte sind noch risikoreicher, noch kurzfristiger, noch aufmerksamer zu verfolgen. In dem Augenblick, da die Knock-out-Schwelle (ein vorher fixierter Preis) berührt oder durchstoßen wird, ist das Zertifikat wertlos: Wette verloren eben, wie im Casino.

Wer grundsätzlich risikobereit ist, keine Angst vor Verlusten hat und zudem eine klare Erwartung zur Goldpreisentwicklung in naher Zukunft hegt, wer also fest überzeugt ist, dass der Goldpreis steigen oder fallen wird, findet im Zertifikate-Zoo reiche Auswahl: Call-Optionsschein oder Put-Optionsschein, Discountzertifikat mit Cap (Obergrenze des Goldpreises für die Abrechnung und Rückzahlung), Bonus-Zertifikat mit Cap und Barriere oder Knock-out-Produkte mit Rauswurf-Barriere in Variationen.

Die meisten Privatanleger werden die komplexen Strukturen meiden und das Risiko des Verlustes nicht tragen wollen, da sie Gold als Sicherheit suchen, nicht als Chance-Risiko-Spiel. Außerdem haben Zertifikate häufig kurze Laufzeiten, wenige Monate bis ein Jahr. Sie können auch seitens des Emittenten gekündigt werden, was im Emissionsprospekt dann erläutert sein muss. Und schon steht man wieder neu vor der Frage: In Gold anlegen und oder in Gold neu wetten?

Die Nebenkosten des Handels an der Börse schmälern in der Abrechnung den erzielten Gewinn genauso wie die fällige Abgeltungsteuer beim Zertifikat-Verkauf mit Gewinn. Wer ehrlich gegen sich selbst ist, lässt sie nicht unter den Tisch fallen. Was dann unter dem Strich übrig bleibt, ergibt erst eine Aussage zum Erfolg oder Misserfolg der eigenen Goldpreisspekulation.

Wenig gesprochen wird auch darüber, dass das Börsenhandelssegment der Gold-Zertifikate sehr klein ist. Nur 5 Prozent aller Zertifikate verwenden überhaupt Rohstoffe als Basiswert, darunter Gold, Silber und Rohöl. In der Mehrzahl sind es dann Hebelprodukte wie Optionsscheine. An den beiden Börsen Frankfurt und Stuttgart stehen Rohstoffzertikate für einen Umsatzanteil deutlich unter 10 Prozent. 90 Prozent aller Umsätze finden dagegen in Aktien- und Index-Zertifikaten statt (DDV, Zertifikatebranche Statistiken 2017).

Für den privaten Anleger lässt sich daraus schlussfolgern: Der Zertifikate-Markt wird von Profis beherrscht. Will ich dennoch dabei sein, wäre noch genau zu prüfen, ob laufend nennenswerte Umsätze im entsprechenden Gold-Zertifikat stattfinden oder eher geringe Liquidität zu beobachten ist; dann könnte ein Verkauf vor dem Laufzeitende darunter leiden, dass sich kein passender Käufer findet. Es bliebe, bis zur Abrechnung bei Fälligkeit oder Kündigung zu warten, die immer in Bargeld erfolgt. Eine physische Goldlieferung findet *nicht* statt.

18. Was sind Gold-ETC?

Die drei Buchstaben ETC stehen für Exchange Traded Commodities, bei uns auch gerne Indexfonds genannt. Manchmal hört man auch kurz ETF, was Exchange Traded Funds bedeutet. Alle drei Begriffe sind jedoch nicht synonym, es gibt bedeutsame Unterschiede. Nur in einem Punkt gleichen sie sich: Anteile an den ETC oder ETF oder Indexfonds sind börsenfähig und werden dann wie Wertpapiere gehandelt. Kauf und Verkauf an der Börse sind so möglich, wie man es von Aktien kennt.

Es überrascht vielleicht nicht, dass ETF im angelsächsischen Raum erfunden wurden, zunächst in Australien, dem Land reicher Rohstoffvorkommen und beachtlicher Goldfunde; dann entwickelten sie sich besonders schnell im amerikanischen Börsengeschehen. ETF sind ein Konstrukt, eine Art Kapitalanlagefonds basierend auf Indizes, beispielsweise auf Rohstoff- oder Aktienindizes. Sehr häufig bilden sie die sehr bekannten Aktienindizes nach, zum Beispiel den Dax (Deutscher Aktienindex) oder den amerikanischen S+P 500.

Wenn es um Gold geht, hat man es automatisch mit einem ETC und nicht mehr mit einem ETF zu tun. Der Grund ist plausibel: Ein Anlagefonds mit einem Vermögen ausschließlich in Gold würde gegen den gesunden Verstand und auch die gesetzlichen Vorschriften für offene Investmentfonds verstoßen. Das geforderte Prinzip der Risikostreuung wäre extrem verletzt, denn das Anlegergeld wäre ausschließlich in einem einzigen Gut, dem Rohstoff Gold investiert. Alle Eier lägen in einem Korb, ein hohes Risiko.

Wo gesetzliche Hürden sind, werden Finanzfachleute gerne kreativ. Dieses Hindernis des unzulässigen Mono-Investments wird juristisch umschifft, indem man ein ETC Exchange Traded Commodities Produkt konstruiert. Der Anteilschein an diesem ‚Gold-Fund' ist eine Schuldverschreibung. Er verbrieft den Anspruch auf das physisch hinterlegte Gold (ganz selten mit anderen Sicherheiten unterlegt). Einfach gesagt: der Fund besitzt einen werthaltigen Rohstoff, dessen Wert eigentlich nicht Null werden kann. Ob das sicher verwahrte Gold im schlimmsten Fall, der Insolvenz des ETC-Emittenten, ausreichen wird, die verschiedenen

Gläubiger incl. der Anleger finanziell zufrieden zu stellen, ist dann eine andere, eine juristische Frage. Dieses Risiko bleibt gegeben.

Im Gegensatz zu einem Gold-Zertifikat (Frage 17) besitzt man mit einem ETC-Anteil einen Anspruch auf physisches Gold, allerdings bedeutet der Anteilschein nicht, dass man Eigentümer des Goldes ist. Wie dieser Anspruch aussieht, ist in Tab. 24 an zwei Beispielen zusammengestellt.

An der Konstruktion eines ETC sind viele Interessenten beteiligt: Der Emittent, der den Gold-ETC auflegt; die Depotbank, wo das Gold hinterlegt ist; der Treuhänder, der die Sicherheiten regelmäßig prüft; die Berechnungsstelle, die laufend die ETC-Preise ermittelt; die Börse, die das Papier in den Handel aufgenommen hat; der Market Maker, der für Liquidität im Handel sorgen soll, und weitere.

Der Reiz, Anteile an einem Gold-ETC zu kaufen, liegt ausschließlich in der Spekulation auf einen steigenden Goldpreis, Zinsen werden nicht geleistet. Steigt der Goldpreis, wird auch der einzelne Anteil am ETC mehr wert. Das gleiche gilt für die Gegenrichtung - fällt der Goldpreis, sinkt der ETC-Anteilspreis. Bei börsengehandelten ETCs kann man jederzeit ein- und aussteigen, kaufen und verkaufen, spekulative Gewinne oder Verluste realisieren.

Wie aus Tabelle 24 zu ersehen, sind Gold-ETC durchaus ähnlich, sie gleichen sich jedoch nicht wie ein Ei dem anderen. Die Unterschiede liegen im Detail, etwa in den Bedingungen für die Auslieferung von Gold, dem Zeitpunkt und den Kosten.

Während man beispielsweise bei Euwax Gold rechtzeitig seinen Anspruch zur Auslieferung geltend machen muss, um in einem bestimmten Monat dabei zu sein, ist diese zeitliche Einengung beim Beispiel Xetra-Gold nicht gegeben. Dafür fallen anteilige Verwahrgebühren für das hinterlegte Gold an. Die Auslieferung verursacht in jedem Fall Kosten für Formung, Transport und evtl. Versicherung beim Transport.

Tabelle 24 - Gold-ETC (Privatanleger) (Angaben Emissionsprospekte)

Beispiel	Xetra-Gold	Euwax Gold
Produktgattung	Inhaberschuldverschreibung besichert	Inhaberschuldverschreibung besichert
kleinste Einheit	1 Schuldverschreibung (=1 g Gold)	1 Schuldverschreibung (=1 g Gold)
Golddeckung	95% physisch, 5% Lieferanspruch gegen Umicore	100% physisch
Goldpreis	LBMA Goldpreis p.m.	LBMA Goldpreis p.m.
Ausübung Goldlieferung	ja, jederzeit	ja, 1x im Monat*
Kosten Auslieferung	ja, ca. 1% bei 1kg-Barren	kostenfrei, 1x
Barrengrößen	variabel: Kleinbarren (1g bis 1kg), Standardbarren (400 Unzen)	Kleinbarren (100 g, 500 g, 1kg)*
Verwahrstelle Gold	Clearstream Banking AG	Clearstream Banking AG
Goldbestand 05-2018	175 t	8,6 t
Goldleihe möglich	nein, ausgeschlossen	nein, ausgeschlossen
Laufzeit	unbegrenzt, vorbehaltlich Kündigung durch Emittenten oder Ausübung durch Anleger	unbegrenzt, vorbehaltlich Kündigung durch Emittenten oder Anleger oder Ausübung durch Anleger
Börsenplatz	Frankfurt	Stuttgart
minimales Handelsvolumen	Parkett 1 Anteil/Xetra 6000 Anteile	1 Anteil
Kosten Börsentransaktion	Bankgebühr für Börsenorder, Depotgebühr	Bankgebühr Börsenorder, Depotgebühr
Ausgabeaufschlag	nein	nein
Managementgebühr	nein	nein
Verwahrgebühr Gold physisch	0,3% p.a.	nein
Abgeltungsteuer	nein, wenn Haltedauer über 1 Jahr	nein, wenn Haltedauer über 1 Jahr
Kapitalschutz	nein	nein
Einlagensicherung	nein	nein
Währungsrisiko	ja, Dollar/Euro	ja, Dollar/Euro
Emittentenrisiko	ja	ja
Marktrisiko	ja (Goldpreis fällt)	ja (Goldpreis fällt)

Market Maker	Deutsche Bank	Euwax AG
Berechnungsstelle	Deutsche Bank	Ophirum Commodity
Ausgabejahr	2007	2012
Emittent	Deutsche Börse Commodities	Börse Stuttgart Securities

*Euwax Gold II, eine spätere Emission, bietet eine vereinfachte Ausübung, und eine Auslieferung auch in Kleinstgrößen

Ein Augenmerk gehört unbedingt auch den Risiken:

- o Es besteht weder Kapitalschutz, noch Einlagensicherung, noch Schutz vor der Insolvenz des Emittenten.
- o Der Goldpreis kann sich anders entwickeln als erwartet. Verluste sind durchaus möglich.
- o Es gibt auch ein Risiko, dass der Börsen-Handel mit ETC-Anteilen unterbrochen wird wegen technischer Ausfälle oder starker Marktturbulenzen. Dann würde man seine Anteile nicht loswerden wie geplant.

Diese Risiken wird der Privatanleger subjektiv unterschiedlich hoch einschätzen. Aber es wäre unklug, sie sich nicht bewusst zu machen, bevor man sich entscheidet.

Tabelle 25 - Gold-ETC/ETF (und Ähnliches) Rückfluss von Barren (in Tonnen), Beispiele (nach GFMS 2014-2016, WGC)

Name	Ende 2012	Ende 2013	Ende 2015	Ende 2017
SPDRGold Shares*	1350 t	798 t	641 t	837 t
Xetra Gold	51 t	44,5 t	60 t	175 t
GBS LSE	139 t	97 t	71 t	93 t
ZKB Gold ETF	235 t	176 t	126 t	146 t

*Hinweis: die Trust Konstruktion des amerikanischen SPDR Gold Shares, auch Spider Gold genannt, ist derzeit in Deutschland nicht zum Vertrieb zugelassen. Handel an der Nyse Arca

Der spekulative Charakter der Anteile an Gold ETC weltweit zeigte sich 2012/2013. Als die Goldpreis-Rallye den Wendepunkt erreicht hatte, floss massiv Gold aus den treuhänderisch gehaltenen Barrenbeständen ab (Tab. 25 und Grafik 14). Ein erneuter Zufluss in die ETF Goldbestände war 2017 zu beobachten. Geopolitische Spannungen, beispielsweise über Nordkorea, und ein schwächerer Dollar galten als wichtige Gründe dafür. Ende 2017 waren allen ETFs rund 2200 Tonnen Gold zuzuordnen, 8 Prozent mehr als im Jahr zuvor.

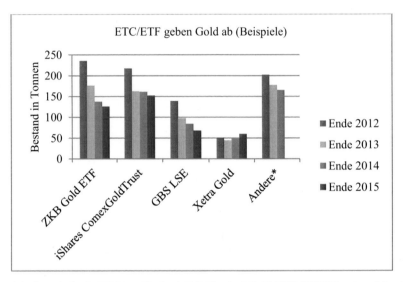

*Andere sind z.B. DB Euro Hedged, DB Physical Gold ETC, ETFS Precious Metals Basket Trust, Dubai DGX, Indian ETFs usw.

Grafik 14 – ETC-Gold kommt nach der Krise zurück in den Markt (nach GFMS 2014- 2016)

19. Investmentfonds in Goldaktien?

In der Fülle klassischer Kapitalanlagefonds gibt es nur wenige, die sich auf Aktien der Branche Goldbergbau und Goldexploration spezialisiert haben. Allerdings werden sie von vorneherein als risikoreiche Kapitalanlage eingestuft: Bergbauunternehmen und Explorationsfirmen unterliegen vielen Einflussfaktoren, die außerhalb der Fähigkeiten des Managements liegen, aber große Wirkung auf die Unternehmenskennzahlen und das geschäftliche Ergebnis haben. In den Aktienkursen und ihren starken Schwankungen spiegelt sich diese Besonderheit wieder. Die Aktien des Gold-Mining sind grundsätzlich anders zu bewerten als Aktien bekannter Branchen wie Automobilbau, Maschinenbau oder Konsumgüter. Dort werden Güter neu produziert, hier werden vorhandene Goldreserven nur abgebaut, die Mine leert sich von Jahr zu Jahr. Aus diesem Grund sind Bergbauunternehmen ständig auf der Suche nach neuen goldhaltigen Minen, die sie hinzu kaufen und später ausbeuten können. In diesem Geschäftsmodell stecken sehr viele Risiken, die seitenlang in den Jahresberichten aufgeführt werden.

Ein Anlagefonds kann prinzipiell auf zwei Wegen in börsennotierte Unternehmen der Goldbranche investieren: Zum einen als Stockpicking ausgewählter Einzelaktien der Minen- bzw. Bergbaubranche. Goldminenaktien notieren vornehmlich an den Börsen ihrer Heimatländer, das sind vor allem die USA, Kanada, Australien, Lateinamerika, Südafrika usw. Die großen Minen-Konzerne der Welt haben zum großen Teil ein Zweit-Listing in London. Dort werden ihre Aktien ebenfalls gehandelt. Für Werte aus Kanada oder Australien ist es ohnehin selbstverständlich, im Zentrum des Commonwealth eine zweite Börsennotierung zu haben.

Das eingesammelte Geld der Investoren wird von einer Kapitalverwaltungsgesellschaft betreut; Anlagemanager investieren es planmäßig anhand einer festgelegten Anlagestrategie. Das Investorenkapital wird juristisch getrennt als Sondervermögen gehalten und steht damit ausschließlich den Anlegern zu (KAGB Kapitalanlagegesetzbuch 2013).

Der andere Weg kommt ohne aktives Stockpicking aus; es wird ein Goldminen-Index nachgebildet. Dann handelt es sich um einen ETF Exchange Traded Funds, in Deutschland auch als Indexfonds bezeichnet. Frage 20 beschäftigt sich damit näher.

Ein Investmentfonds in ausgewählten Goldaktien bündelt Risiken besonders intensiv: zum einen drücken sich die stark schwankenden Unternehmensergebnisse von Jahr zu Jahr im starken Auf und Ab der Aktienkurse aus. Zum anderen hängt die kleine Branche extrem vom Goldpreis und seiner Entwicklung ab. Daher werden Fonds mit Aktien von Gold- und Edelmetall-Unternehmen sehr selten als Publikumsfonds für breite Anlegerkreise, meist als Spezialfonds für institutionelle Anleger aufgelegt.

Es gilt dann, den Fonds nach den Möglichkeiten der Rendite-, Risiko- und Steueroptimierung zu gestalten. Dafür eignen sich Offshore-Standorte mit Hedgefonds-Angeboten besonders gut. Neuerdings florieren auch so genannte UCITS-Fonds. UCITS steht für Undertaking for Collective Investment in Transferable Securities, eine Art regulierter Investmentfonds nach der UCITS-Richtlinie von 2011. Neu geregelt sind vor allem die kritischen Punkte der Liquidität, der Verwahrung von Vermögenswerten und des Risikomanagements. Wird der Fonds nach den SICAV-Vorschriften, beispielsweise in Luxemburg aufgelegt, ist zusätzlich ein Vorstand für die Überwachung des Fonds zuständig. Mit all diesen regulatorischen Feinheiten beschäftigen sich die professionelle Kapitalanlagenszene und die Finanzaufsicht. Der Privatanleger kommt damit äußerst selten in Berührung.

20. Ein Indexfonds oder ETF in Gold?

Die drei Buchstaben ETF stehen für Exchange Traded Funds; so heißen sie im angelsächsischen Sprachgebrauch, in Deutschland spricht man mehr von Indexfonds. Welchen Unterschied gibt es zu klassischen Investmentfonds, die von Managern der Kapitalanlagegesellschaften betreut werden?

Die Antwort ist schnell gegeben: Niemand macht sich die Mühe der Einzelauswahl, des Stockpickings von Aktien, die nach Meinung der Fondsmanager am besten zusammenpassen würden. Es wird einfach ein Index ausgewählt, beispielsweise ein Aktienindex, und inhaltlich nachgebildet. Die Vorgabe lautet schlicht: investiere genauso wie der Index zusammengesetzt ist, in dieselben Wertpapiere gemäß derselben Gewichtung. Das spart Zeit, Mühe und Geld.

Die Vorteile der ETFs liegen vor allem in drei Punkten: Ihre Anteilscheine werden an Börsen gehandelt wie Aktien, man kann die Anteile im Prinzip jederzeit kaufen und verkaufen. Die Nebenkosten der ETF sind geringer als bei klassisch verwalteten Investmentfonds: es fällt eine niedrigere Verwaltungsgebühr an, es gibt in der Regel keinen Ausgabeaufschlag und keine Rücknahmegebühr. Die Erträge können steueroptimiert gestaltet sein. Im Ergebnis bleibt von einem möglichen Gewinn rein rechnerisch mehr übrig als bei klassischen Fondsanteilscheinen.

Institutionelle Anlagemanager sind in den letzten zwei Jahrzehnten in großem Stil auf diese Fonds-Alternative ETF umgestiegen. Ein Beispiel: Die amerikanische Asset Management Firma BlackRock, ein Schwergewicht unter den professionellen Investoren der Welt (6 Bio US-Dollar verwaltetes Vermögen Ende 2017), hält rund 30 Prozent der verwalteten Gelder in ETFs, das sind 1,8 Billionen Dollar, eine Eins mit zwölf Nullen. Hinzu kommen noch 2,4 Bio Dollar in speziellen Indexfonds für Institutionelle Großanleger (Annual Report 2017).

ETF benötigen einen Index, auf den sie sich ‚draufsetzen' können. Das erscheint nicht aufregend, denn Indizes haben Anlegern immer schon eine schnelle Orientierung an der Börse geliefert. Der Index gibt Auskunft über die Kurs- bzw. Preisentwicklung einer Auswahl-Gruppe, z.B. eines bestimmten Korbes an Aktien oder Rohstoffen.

Der große Vorteil der Indizes liegt darin, dass sie sich über die Auswahl der Aktien oder Rohstoffe beliebig neu zusammenstellen und berechnen lassen. Es ist nicht übertrieben, von maßgeschneiderten Indizes für ETF zu sprechen. Genau diese Möglichkeit macht sie zur idealen Grundlage für ETF/Indexfonds.

Der Aktienhandel an Wertpapierbörsen liefert die Kurse zur Berechnung des Aktienindex, der Futures-Handel an Terminbörsen liefert beispielsweise die Preise für die Berechnung des Rohstoffindex.

Ein Index kann z.B. die Aktien der wichtigsten Goldminen- und Goldproduzenten-Unternehmen der Welt umfassen und ihre Kursentwicklung fortlaufend in einer Index-Zahl abbilden. Ein Beispiel wäre der NYSE Arca Gold Bugs Index (Börse New York); ein anderes Beispiel der Dax Global Gold Miners, der 35 internationale Goldproduzenten umfasst (Deutsche Börse 2014); der FTSE/JSE Africa Gold Mining Index (Barclays Bank Südafrika) ein weiteres Beispiel.

Börsenrechenzentren, Kursdatenbanken, Internet-Vernetzung und leistungsfähige Software stellen sicher, dass Indizes sekündlich neu berechnet werden können.

Wie in Frage 19 bereits deutlich gemacht, sind Aktien aus dem internationalen Goldbergbau für eine private Geldanlage sehr kritisch zu beurteilen, weil sie sehr risikoreich sind. Auf den Kurs der ‚Gold-Aktien' wirken viele Faktoren ein, nicht allein der Goldpreis. Neben Management-Entscheidungen zum Beispiel auch politische Ereignisse im Land der Goldmine, Streiks der Minenarbeiter, die die Förderung lahmlegen, neue Umweltvorschriften, die Höhe des Ölpreises (Dieselmotoren werden in der Förderung intensiv eingesetzt), Mergers und Acquisitions zwischen Konkurrenten und vieles mehr.

Der entsprechende Index auf Goldminenaktien kann diese Risiken nicht ausbügeln, im Gegenteil er bildet die starken Kursschwankungen Eins zu Eins ab. Darauf konstruierte ETF enthalten die Risiken unverändert.

Die steigende Beliebtheit der ETF wird einmal mit den vergleichsweise niedrigen Gesamtkosten begründet, zum anderen aber auch mit Hilfe der Statistik: Rückblickende Vergleiche zwischen traditionellen Investmentfonds und ETF legen die Aussage nahe, dass mittelfristig (über 5 Jahre) der Asset Manager nicht erfolgreicher anlegt als der Marktverlauf, der sich im Index wiederspiegelt. Die Renditen beider Fonds-Typen liegen sehr nahe beieinander.

Einfacher gesagt, der Benchmark (der Index) liefert ein genauso gutes Ergebnis wie der Fondsmanager. Entsprechend gibt es heute ETF auf jeden nur erdenklichen Index, darunter auch Indizes auf Rohstoffpreise inclusive Gold.

Sehr bekannte Rohstoffindizes sind z.B. der BCom (Bloomberg Commodity Index, vormals DJ-UBS Commodity Index), der Gold mit 11,9 Prozent berücksichtigt, oder der Thomson Reuters Jeffries CRB, der Gold mit einem Anteil von 6 Prozent enthält oder der Rogers International Commodity Index (RICI) mit 5 Prozent Goldanteil. Es lässt sich auch ein Korb aus wichtigen Metallen zusammenstellen, dann ist Gold mit fast zwanzig Prozent vertreten (RICI Metals). Der Index wird aus den entsprechenden Futures-Preisen an den Terminbörsen der Welt berechnet. Die genaue Zusammensetzung und Berechnung der Indizes mit Goldanteil ist bei den Index-Anbietern zu finden, bei Thomson-Reuters oder McGraw-Hill, bei Börsen und Banken.

Noch eines: Der Index für den Rohstoff Gold ist der Goldpreis selbst. Der ETF ist dann ein ETC (Exchange Traded Commodity), wie in Frage 18 erläutert.

21. Termingeschäft in Gold, auch für Privatanleger?

Rohstoffe aller Art werden an den Terminbörsen der Welt gehandelt. Edelmetalle gehören dazu, insbesondere Gold. Andere Metalle, vor allem wichtige Industriemetalle wie Kupfer, Aluminium, Nickel, Zinn, Blei, Eisen und Stahl spielen mengenmäßig eine sehr viel bedeutendere Rolle als Gold; fossile Energieträger wie Erdöl, Erdgas oder Kohle werden an Terminmärkten besonders intensiv gehandelt. Gold genießt jedoch die höchste öffentliche Aufmerksamkeit.

Zwischen Gold und Industriemetallen gibt es einen gravierenden Unterschied: die Preise für Industriemetalle schwanken stark konjunkturabhängig. Der Preis für Gold verhält sich anders, er unterliegt gleichzeitig starken psychologischen und einigen faktischen Einflussgrößen.

Die Termingeschäfte in Gold (und anderen Rohstoffen) folgen einem festen Grundmuster: zwei Parteien vereinbaren den Kauf bzw. den Verkauf einer bestimmten Anzahl Feinunzen für einen definierten Zeitpunkt in der Zukunft. Die Bedingungen, wie Liefer- und Abnahmepreis, Zeitpunkt und Art und Weise der Auslieferung werden bereits heute vereinbart.

Diese Termingeschäfte werden ganz allgemein Forwards genannt, an der Börse heißen sie Futures. Es gelten exakt definierte Standard-Kontrakte. Nur die handelbaren Zeiträume sind variabel, beispielsweise einen, drei, sechs bis 24 Monate. Die Kontraktgrößen und -inhalte entsprechen dem Bedarf im jeweiligen Rohstoffmarkt. Für Gold lauten die Kontrakte üblicherweise auf 100, 50 oder 10 Unzen; das sind umgerechnet rund 3,1 Kilogramm, 1,55 Kilogramm oder 311 Gramm.

Wenn der Standard nicht passt, handeln die beiden Vertragsparteien ein individuelles Geschäft aus; man spricht dann vom OTC-Geschäft (over the counter) ohne Zwischenschaltung einer Börse. Es sind dann beispielsweise für Gold auch sehr lange Laufzeiten bis zu sieben Jahren möglich.

Daran sind in der Regel nur wenige interessiert, etwa Bergbaugesellschaften, die Gold fördern und zukünftige Abnahmepreise fixieren wollen, und wenige Banken, die im Goldgeschäft sehr aktiv tätig sind. Diese Kontrakte dienen dann meist nicht der Spekulation, sondern der klassischen Preissicherung; sie sind Teil des Risikomanagements im Unternehmen.

Ein einzelner Future-Kontrakt an der Börse über 100 Feinunzen bedeutet bei einem Goldpreis von rund 1200 Dollar je Unze ein Investment von rund 120.000 Dollar - eine Summe, die für den einzelnen Privatanleger kaum realistisch ist.

Genau wie an klassischen Wertpapierbörsen sind private Anleger an Terminbörsen nicht zum Handel zugelassen. Mögliche Aufträge müssen über einen zugelassenen Broker oder eine Bank laufen. Die Handelsregeln sind komplexer als beim Aktienkauf; es sind zum Beispiel Margins zu erfüllen, das sind tagesaktuelle finanzielle Einschusspflichten. Daneben sind natürlich auch Gebühren für die Broker-Dienste und den Terminhandel fällig.

Eine Auslieferung des Goldes in kleiner Stückelung am Ende der Laufzeit des Terminkontraktes ist eigentlich nicht vorgesehen; in der Regel muss man Ansprüche auf Standardgrößen anwachsen lassen. Das sind dann beispielsweise 400 Unzen, entsprechend einem Standardbarren von 12,5 kg Gewicht, bevor eine Auslieferung beantragt werden kann. Daraus wird ersichtlich, dass auch hier wieder die Preisspekulation auf Gold im Vordergrund steht, der zeitlich verzögerte Erwerb von physischem Gold ist nicht das eigentliche Thema.

Da der Preis für Gold in US-Dollar je Feinunze notiert, Abrechnungen jedoch auch in Euro oder britischem Pfund erfolgen können, gibt es ein Wechselkursrisiko von Dollar in Euro oder Pfund; wer auch dieses absichern will, schließt parallel ein Währungs-Termingeschäft ab; so kann ein Gold-Termingeschäft weitere Termingeschäfte nach sich ziehen. Kombinierte Anlage-Pläne, heute meist Software gestützte Finanzstrategien, nutzen vor allem institutionelle Asset Manager. Für den privaten Anleger ist das nichts.

Terminkontrakte in Gold zur Preissicherung klingen sehr vernünftig und risikoreduzierend. Aber auch sie können schief gehen, obwohl sie doch das genaue Gegenteil bewirken sollen. Etliche Goldminengesellschaften haben dies zwischen 2004 und 2012 leidvoll erfahren, beispielsweise Barrick Gold, das derzeit umsatzstärkste Goldminen-Unternehmen.

Die abgeschlossenen Termingeschäfte entpuppten sich als große Verlustbringer, weil sie auf die Erwartung eines seitwärts gehenden Goldpreises um 600 Dollar/Feinunze gesetzt hatten. Da der Goldpreis jedoch anstieg und nach 2008 explodierte, sahen die Jahresbilanzen vieler Goldgesellschaften miserabel aus, ihre Aktionäre waren entsprechend unzufrieden. Die Minengesellschaften mussten zum vereinbarten Preis Gold liefern, der abnehmende Kontrakt-Partner, etwa eine große Bank, konnte sofort zum deutlich höheren Tagespreis am Markt verkaufen und dicke Gewinne einstreichen. Börsentechnisch war auch ein anderer Ausstieg möglich: die Terminkontrakte durch passende Gegengeschäfte zu schließen und als Verluste zu verbuchen.

Barrick Gold wählte diesen Weg, schloss vorzeitig Terminkontrakte über rund 6 Mrd. Dollar und schrieb sie als Verluste ab.

Eine besonders wichtige Terminbörse für Gold ist die New Yorker COMEX (Commercial Exchange). Hier werden die höchsten Umsätze in Gold-Kontrakten, sowohl Futures als auch Optionen, getätigt. 2017 waren es rund 70 Millionen Kontrakte. Würde man das Handelsvolumen in Gold umrechnen, ergäben sich 225.000 Tonnen. Allerdings ist das eine virtuelle Größe, da die Kontrakte vor allem der Spekulation auf die Preisveränderung dienen, ein rein finanzieller Vorteil angestrebt wird. Die Lieferung von physischem Gold interessiert dabei nicht. Ein Indikator für die kurzfristige Erwartung zur Preisentwicklung ist beispielsweise die Nettoposition der großen Geldmanager und Trader zum Jahresende. Ende 2012, als die Goldpreis-Rallye gerade Höchststände erlebt hatte und die Stimmung sehr nervös war, wohin es weitergehen würde, waren die Investoren in Futures-Kontrakten mit einem Goldwert von rund 580 Tonnen engagiert, viele erwarteten weiter steigende Preise. Ende 2015 lag diese Nettoposition bei minus 75 Tonnen, was die Erwartung nur noch fallender Kurse signalisierte. Die Goldspekulation war in den Augen professioneller Geldmanager sehr uninteressant geworden (GFMS 2014-2016, Nettopositionen. CFTC market reports, commitment of traders).

Andere Termin-Börsen weltweit rücken mit ihren Handelsvolumina langsam auf, allen voran die Shanghai Futures Exchange (www.shfe.com.cn). Andere wichtige Terminbörsen für Gold sind etwa die Tocom in Tokio (www.tocom.or.jp), die Multi Commodity Exchange in Indien (www.mcxindia.com) oder die Dubai Gold and Commodities Exchange (www.dgcx.ae). Die Terminmärkte in Asien werden wohl weiter an Bedeutung gewinnen, parallel zur Verlagerung der wirtschaftlichen Dominanz in diese Region. Die aktuelle Dominanz der Comex mit rund 80 Prozent Marktanteil ist jedoch überwältigend (2017).

An den Terminbörsen wird neben Futures auch eine interessante Variante des Termingeschäfts gehandelt, die *Gold-Option*. Auch sie kann in beide Richtungen, als Preissicherung und als Spekulation auf fallende oder steigende Goldpreise genutzt werden; die Spekulation überwiegt ganz klar.

Optionen sind jedoch genauso wenig wie Futures für Privatanleger geschaffen worden. Der Kreis von Banken, institutionellen Investoren oder Finanzmanagern in Goldunternehmen nutzt sie für seine sehr speziellen Anlage- und Finanzbedürfnisse.

Optionen werden beispielsweise im Zuge mehrgleisiger Anlage-Strategien für das Vermögensmanagement eingesetzt und zum spekulativen Geldverdienen der Finanzbranche. Mittlerweile übernimmt maßgeschneiderte Analyse-und Trading-Software die Preis- und Risikobeurteilung, berechnet Sensitivitäten und Kennzahlen und setzt Kauf- und Verkaufssignale.

Wie der grundlegende Mechanismus der Option, beispielsweise in Gold, funktioniert, ist kein Geheimnis und auch rasch erklärt. Es handelt sich um ein Termingeschäft wie der Future, mit einem kleinen Unterschied: nun besteht ein Wahlrecht (Option), wie sich der Inhaber der Option zum vereinbarten Termin in der Zukunft entscheiden kann. Anders ausgedrückt: Eine Seite hat das Wahlrecht, den Rohstoff (Gold) zu kaufen oder zu verkaufen zum vereinbarten Preis. Die andere Seite hält still und wartet ab, wie sich der Kontraktpartner entscheidet. Wird das Recht nicht genutzt, verfällt die Option. Der finanzielle Verlust begrenzt sich dann auf die gleich zu Beginn gezahlte Prämie für die Option.

Gold-Optionen werden auf fallende (Gold)-Preise oder auch steigende (Gold-)Preise gehandelt. Dann spricht man entweder von Put-Option (fallend) oder Call-Option (steigend). Eine Option kann die Lieferung (Gold) und Bezahlung vorsehen oder nur einen wertmäßigen Barausgleich zum Stichtag der Ausübung.

Gold im Währungssystem

22. Wieviel Gold halten Notenbanken?

Bis 1971 beherrschten die Notenbanken (auch Zentralbanken oder Nationalbanken genannt) den Goldmarkt und hielten den Preis für Gold nahezu stabil. Über Jahrhunderte hatten Staaten Gold als Währungsmetall eingesetzt und schließlich zum Mechanismus des Goldstandards gefunden (Frage 24). Dazu waren beachtliche Bestände an Goldbarren nötig und gleichzeitig auch die Sicherstellung des Nachschubs für die Reserven. Es ging darum, die Einlösepflicht von Banknoten einer Währung in Gold(barren) jederzeit erfüllen zu können. Jährlich mussten dazu einige hundert Tonnen (netto) hinzu gekauft werden, wie Grafik 15 beispielhaft für die Zeit nach dem Zweiten Weltkrieg aufzeigt.

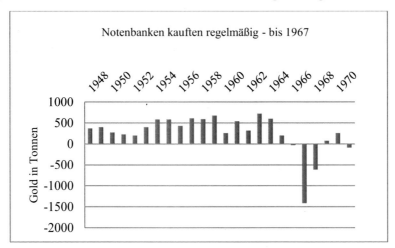

Grafik 15 - historische Goldkäufe der Notenbanken (nach dem Zweiten Weltkrieg) (nach GFMS 2018)

Wenig überraschend dominierten vor allem die Notenbanken der großen Industrieländer den Goldmarkt und seine Spielregeln.

Im System des Goldstandards war das Wechselkursverhältnis zweier Währungen über das Gold definiert. Der Wert jeder Währungseinheit wurde in einer gesetzlich fixierten Goldmenge ausgedrückt. Die Goldparität der Mark und später der Reichsmark betrug zum Beispiel $^1/_{2790}$ Kilogramm oder 0,358423 g Feingold.

Im Rahmen des Beitritts zum Internationalen Währungsfonds IWF wurde die Goldparität der D-Mark neu festgelegt; 1953 entsprach eine D-Mark 0,211588 g Feingold. Über den Umrechnungsfaktor Feingoldmenge ließ sich das Wechselkursverhältnis jederzeit exakt ausrechnen. Daraus ergab sich in den 1960er Jahren beispielsweise eine Wechselkursparität der D-Mark zum Dollar von 4,20 DM für einen US-Dollar.

Wie gesagt, 1971 verlor Gold seinen Status als Währungsmetall, die Goldparitäten spielten danach keine Rolle mehr. Es war überdeutlich geworden, dass Gold als Kern eines zeitgemäßen Weltwährungssystems nicht geeignet ist.

Seither unterliegt der Goldpreis dem Spiel von Angebot und Nachfrage zu Zwecken der Hortung, der industriellen Verwendung, der Schmuckherstellung und auch der Spekulation auf Gewinne aus Preisveränderungen. Das Gold der Notenbanken ruht zinslos in den Tresoren; bisweilen wird darüber spekuliert, was geschehen würde, wenn es plötzlich auf den Markt käme (Frage 23).

Tabelle 26 verschafft einen kleinen Eindruck, welche Goldmengen bei Zentralbanken aufbewahrt werden. Verglichen mit den 186.000 Tonnen Gold, die bisher aus der Erde herausgeholt wurden, entspricht dies aufaddiert rund 32.000 Tonnen oder 17 Prozent des verfügbaren Goldes überhaupt.

Allerdings sind die Goldreserven nicht gleichmäßig verteilt. Die USA und die Länder der Eurozone besitzen den Löwenanteil, zusammen rund 19.000 Tonnen oder 60 Prozent des Notenbankgoldes weltweit (siehe Tabelle 27).

Tabelle 26 - Gold der Notenbanken Ende 2015 und Ende 2005 (nach GFMS 2016, IMF International Financial Statistics, Notenbanken)

Goldreserven in Tonnen	Ende 2005	Ende 2015	Ende 2017
USA	8135 t	8134 t	8133,5 t
Deutschland	3428 t	3381 t	3374 t

Goldreserven in Tonnen	Ende 2005	Ende 2015	Ende 2017
Italien	2452 t	2452 t	2452 t
Frankreich	2826 t	2435 t	2435 t
Russland	387 t	1415 t	1839 t
China	604 t	1762 t	1843 t
Schweiz	1290 t	1040 t	1040 t
Japan	765 t	765 t	765 t
Niederlande	695 t	612 t	612 t
Indien	358 t	558 t	558 t
Saudi-Arabien	143 t	323 t	323 t
Spanien	458 t	282 t	282 t
Philippinen	155 t	195 t	196 t
Kasachstan	60 t	222 t	295 t
Mexiko	3 t	123 t	120 t
Südkorea	14 t	104 t	104 t

Die Goldbestände haben sich in den letzten 40 Jahren durchaus verändert, sie sind fortlaufend abgeschmolzen. Erst seit etwa sieben Jahren werden wieder neue Reserven aufgebaut, vornehmlich von Zentralbanken Osteuropas und verschiedenen Entwicklungsländer mit schwachen Währungen. Sehr auffällig war in 2014 und 2015 die Aufstockung der russischen Zentralbank, die offiziell 379 Tonnen neu eingelagert hat. Auch in den Folgejahren war sie als Käufer sehr aktiv und erhöhte den Bestand um 224 Tonnen. Die Ukraine-Krise und der Verfall des Rubelkurses dürften wichtige Beweggrund gewesen sein. Zudem scheint Russland weiterhin darum bemüht zu sein, seine Währungsreserven zu diversifizieren und weniger US-Staatsanleihen zu halten (GFMS 2018). Die Türkei war auch ein großer Goldkäufer in 2017 und erwarb 86 Tonnen hinzu, so dass sie jetzt 565 Tonnen im Bestand hat (2017). Unter dem Strich veränderten sich die Goldreserven allerdings im Laufe der Jahre nur wenig (Tab. 28), der Anteil des Notenbank-Goldes am gesamten oberirdisch verfügbaren Bestand schrumpfte hingegen sehr deutlich, um gut die Hälfte auf rund 17 Prozent.

Tabelle 27- Regionale Verteilung der Goldreserven Ende 2017 (nach GFMS 2018, ECB, WGC)

Welt	33.700 t
Eurozone	10.782 t
USA	8.134 t
China	1.842 t
Russland	1.828 t
IWF*	2.814 t

Exkurs: Der Internationale Währungsfonds IWF erhielt seinen Goldschatz von seinen Mitgliedsländern zur Gründungsfeier 1944 und bei späteren Quotenerhöhungen. Er belief sich 2005 auf 3217 Tonnen, aktuell sind es noch rund 2814 Tonnen.

Im Zeitraum von 2009-2010 hat der IWF 403 Tonnen Gold verkauft, ein Achtel seines damaligen Goldbesitzes. 200 Tonnen gingen direkt an die Reserve Bank of India, zwei Tonnen an die Bank of Mauritius, 10 Tonnen nach Sri Lanka. Die restlichen 191 Tonnen wurden kontinuierlich ab Februar 2010 über den Goldmarkt verkauft.

Da in dieser Phase der Goldpreis sehr kräftig anzog, entstanden beachtliche windfall profits. Davon profitierte der Poverty Reduction and Growth Fund, der seine Kreditmöglichkeiten damit kräftig erweitern kann. Es handelt sich um 1,25 Mrd. Sonderziehungsrechte SRZ p.a. auf lange Sicht (IMF International Monetary Fund 2014b) Abruf 25.03.2014 und 27.06.2014).

Tabelle 28 - Verwendung der Goldbestände (nach Müssig 1988, GFMS 2018)

	1982		2017*	
Goldreserven der Notenbanken	36.100 t	≈ 40%	33.700 t	17%
Schmuck + Kunst	27.000 t	≈ 30%	94.400 t	49%
Private Goldanlage	24.000 t	≈ 26%	40.070 t	21%

* Die restlichen 13 % entfallen auf Industrie-Gold und auf ‚verlorenes Gold' (2%). 192.000 t beträgt der geschätzte verfügbare Goldbestand (Ende 2017), der jemals aus der Erde herausgeholt wurde.

Ab 1968 übernahmen private und institutionelle Nachfrager im freien Goldhandel die Hauptrolle in der Preisfindung. Die nichtmonetäre Verwendung des Goldes wurde immer wichtiger, Schmuckgold und

Anlagegold (Hortung) absorbierten die jährliche Goldförderung aus dem Bergbau, nach 1973 fast ausschließlich. Notenbanken waren auf die Verkäuferseite gewechselt (Grafik 16).

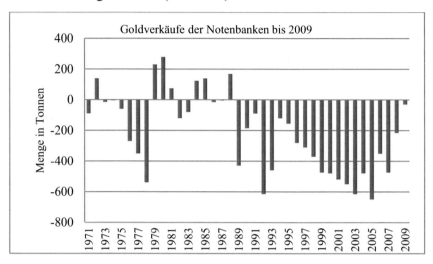

Grafik 16 – historische Goldverkäufe (nach GFMS 2015)

Wenn auch in vielen Köpfen noch das Bild vom Gold der Notenbanken vorherrschen mag, so sind die großen Goldbesitzer in der Summe doch eindeutig die privaten Anleger weltweit, zwei Drittel allen Goldes befindet sich in ihrer freien Verfügung.

Im Kreis der Notenbanken halten die USA immer noch die größten Goldreserven. Allerdings ist auch dieser Bestand nur noch ein Bruchteil des einstmaligen Besitzes zu Zeiten des Goldstandards und vor dem Zusammenbruch des Bretton Woods Wechselkurssystems (1944 bis 1971). Die USA hielten 1949 rund 75 Prozent allen Notenbankgoldes. Heute sind es nur noch knapp 25 Prozent (siehe auch Frage 24).

Ein Großteil der rund 8100 Tonnen des US-Goldes lagert im berühmten Fort Knox, Kentucky, versiegelt zur dauerhaften Lagerung (Tabelle 27). Es wird einmal jährlich von Inspektoren des US-Schatzamtes (Treasury) geprüft. Nicht erst seit James Bond's ‚Goldfinger' steht Fort Knox als Inbegriff höchster Sicherheit vor fremdem Zugriff.

Amerikanische Goldbarren liegen auch im unterirdischen Tresor der Federal Reserve Bank New York, etwa 13,376 Mio Feinunzen, was rund 416 Tonnen entspricht. Über 87 Tonnen Gold verfügt die staatliche Münze als Arbeitsgold-Vorrat, um daraus offizielle Münzen für Anleger neu zu prägen, etwa den American Eagle oder Buffalo (U.S. Treasury 2018. Status Report U.S. Treasury Gold).

Die Fed New York fungiert nicht nur als Aufbewahrungsort für amerikanische Goldbarren (wie aus Tab. 29 ersichtlich), sondern seit langem auch als Lagerstelle und Treuhänder ausländischen Goldes im Besitz verschiedener Notenbanken, z.B. auch der Deutschen Bundesbank. Das hat vor allem zwei Gründe: New York ist neben London (und Zürich) einer der wichtigsten Goldhandelsplätze der Welt. Hier findet auch sehr

Tabelle 29 – Gold der USA (1 Feinunze =31,1 g gerundet)

Goldbesitz der US-Treasury	in Mio Feinunzen (gerundet)
Goldbarren	258,642
Goldmünzen	2,857
Münze-Gold versiegelte Lagerung	245,263
-davon Fort Knox	147,342
-andere Lagerorte	97,921
Federal Reserve Bank-Gold	13,453
-davon New York-Lagerung	13,441
-Barren	13,377
-Münzen	0,073

U.S.-Treasury 2018 (Stand 30.4.2018)

viel Terminhandel in Gold und Börsenhandel in Gold-ETF/ETC statt (siehe Fragen 20 und 21). Im Ost-West-Konflikt der Nachkriegszeit galt die Fed New York als sicherster Ort der Welt, der freie Verfügbarkeit über die eigenen Goldbarren garantierte.

Die großen Goldreserven der Deutschen Bundesbank (3374 Tonnen Ende 2017) entstanden im Rahmen des Bretton-Woods-Systems, als zentrale Verrechnungsgröße Dollar gegen Gold. Das Gold wurde aus praktischen Überlegungen an den großen Goldhandelsplätzen New York, London oder Paris belassen und nicht nach Frankfurt transportiert, bei Bedarf allerdings an den Barren umetikettiert. Bis 2020 sollte die Aufbewahrung des Goldbestandes neu verteilt sein: die Hälfte in Frankfurt, der Rest in New York und London. Ende 2017 war der Transport vorzeitig abgeschlossen, die Barren sind jetzt so gelagert:

Tabelle 30: Bundesbank-Gold und seine Lagerstellen

Goldbestände der Bundesbank	Ende 2015	Ende 2017	Veränderung
Gesamt	3381 t	3373,6 t	
Lagerstellen: o Frankfurt o Fed New York o Bank of England o Banque de France	 1402 t 1347 t 435 t 196 t	 1710 t 1236 t 427 t -	 + 308 t -111 t -8 t -196 t

Deutsche Bundesbank Geschäftsbericht 2017

23. Wann verändern Notenbanken ihre Goldreserven?

Die hohen Goldreserven einiger Notenbanken, insbesondere Europas und der USA, resultieren nach wie vor aus der Vergangenheit, der Zeit des Goldstandards und des nachfolgenden Bretton-Woods-Wechselkurssystems von 1944 bis 1971.

Nachdem der Gold-Dollar-Standard beendet (Frage 24) und auch die Goldparität in den offiziellen Verrechnungen zwischen dem IWF und seinen Mitgliedsländern abgeschafft war, begannen erste Goldverkäufe zu Marktpreisen.

Der IWF reagierte sehr zügig auf die Tatsache, dass Gold als Reservewährung und Wertmaßstab ausgedient hatte: Von 1976 bis 1980 verkaufte er ein Sechstel (25 Millionen Unzen) seines Goldbestandes in 45 öffentlichen Auktionen (Tab. 29). Die erzielten 4,6 Mrd. Dollar wurden für die Entwicklungshilfe reserviert. Ein weiteres Sechstel ging zurück an die Notenbanken der Mitgliedsländer, die das Gold zur IWF-Gründung bereitgestellt hatten.

Tabelle 31 - Goldverkäufe einzelner Notenbanken und des IWF

	Jahr	Menge in t
Großbritannien	1999-2002	395
Schweiz	2000-2005	1300
Frankreich	2004-2013	550
IWF	2009/10	403
IWF	1976/80	800

(Müssig 1988; SNB and Hildebrand 2005; IMF International Monetary Fund 2014b)

Erst 2010 kehrte sich der Trend der fortlaufenden Bestandsverringerungen um (Bott 2013). Vor allem Notenbanken der Entwicklungsländer kauften hinzu (Tab. 32).

Tabelle 32 - *Goldkäufe einzelner Notenbanken, Beispiele* (IMF 2014/15; GFMS 2014- 2018)

	Gold in t	Jahr	Bemerkung
Türkei	86 t	2017	
Kazachstan	108 t 43 t	2012, 2014,2015 2017	
Philippinen	30 t	2012	
Südkorea	20 t	2013	
Irak	107 t	2012, 2014,2015	
Russland	379 t 224 t	2014, 2015, 2017	Ukraine-Krise, Rubel-Kursverfall Diversifizierung der Reserven
China	206 t	2015	
Indien	200 t	2009	vom IMF erworben

Wenn auch die Mengen im Vergleich zu den Beständen der Notenbanken der wichtigen Industrieländer (Gruppe der Zehn, G10) und der Schweiz gering sind, so setzen sie doch kleine Signale.

Zum einen ist es wohl als vertrauensbildende Maßnahme für die jeweilige Landeswährung zu werten. Zum anderen ist die Goldreserve eine risikoarme Position in jeder Notenbank-Bilanz, risikoärmer als Devisenreserven beispielsweise. Außerdem gilt dasselbe, was auch ein Privatanleger überlegt: Gold zur Vorsorge für kritische Zeiten, sprich Gold als Tauschmittel gegen jede Fremdwährung.

Aus den Goldreserven lassen sich nach Bedarf auch Goldmünzen zu Anlage- oder Sammlerzwecken prägen, die der nationalen Identität förderlich sein können.

Beispielsweise Kasachstan, Tadschikistan, Belarus, Kirgisien Mongolei, Nepal, Brunei kauften zuletzt immer wieder kleine Mengen hinzu. In

2012 stockte der offizielle Sektor seine Goldreserven insgesamt um rund 540 t kräftig auf, in den Folgejahren 2014 bis 2017 um durchschnittlich etwa 400 t p.a. Das entspricht rund 10 Prozent der Nachfrage nach Gold und 13 Prozent des Angebots von neuem Gold aus der Minenproduktion (siehe Tab. 10). Rückblickend werden diese Mengen als bemerkenswert konstante Aufstockung gewertet seit dem Ende des Goldstandards (1971).

Unter dem Strich hat sich der Goldbestand aller Notenbanken jedoch wenig verändert. Selbst wenn man den Zeitraum der hektischen Goldpreis-Rallye betrachtet, trifft die Aussage der Konstanz unverändert zu: Ende 2005 lag der weltweite Goldbestand der Zentralbanken bei rund 31.000 Tonnen, zwölf Jahre später, Ende 2017, bei rund 33.700 Tonnen. Die Zahlen sprechen für Beharrlichkeit im Notenbank-Verhalten.

Notenbanken haben immer wieder bekundet, dass sie kein Interesse haben, den Goldmarkt durch plötzliche massive Verkäufe zu manipulieren und den Goldpreis nach unten zu drücken. Sie würden sich zunächst selbst schaden und müssten ihren Bestand in der Bilanz neu bewerten, bilanztechnisch einen Ausgleichsposten zum Marktpreis ausweisen.

Deshalb haben zum Beispiel 15 Notenbanken der Eurozone (ergänzt um Schweden und die Schweiz) 1999 das Goldverkaufsabkommen vereinbart, das Central Bank Agreement (CBA), das sich alle fünf Jahre verlängert, zuletzt im September 2014. Darin ist eine Mengenbegrenzung auf 400 t im Jahr oder 2000 t in fünf Jahren festgesetzt, ein Signal an den Goldmarkt, das Notenbanken das Marktgeschehen mit massiven Goldverkäufen nicht beeinflussen und auf die Preisbildung nicht aktiv einwirken wollen.

Allerdings sind Absichtsbekundungen keine Garantie, wie jeder Privatanleger aus Erfahrung weiß. Und die Mitglieder dieses Central Bank Agreements halten über 11.000 Tonnen Goldreserven.

Drei Gründe sprechen jedoch dafür, dass die Notenbanken ihre Bestände nicht oder nur sehr vorsichtig über den Goldmarkt reduzieren werden.

1. Gold wirkt nach wie vor sehr vertrauensbildend für Papierwährungen. Starke Verkäufe würden die öffentliche Diskussion über die Werthaltigkeit der Papierwährung schnell neu entfachen.
2. Die Psychologie des Goldes wirkt bei Privatanlegern genauso wie bei Notenbankern: Gold als Vorsorge- und Sicherheitsmedium.
3. Massive Verkäufe würden im Markt ein überschießendes Angebot bewirken und den Goldpreis drücken; gleichzeitig würde wahrscheinlich die Spekulation auf sinkende Preise entfacht. Damit würden sich die Notenbanken selbst schaden, sie müssten ihre verbleibenden Bestände sofort neu bewerten zu niedrigeren Marktpreisen.

Da Gold seit Jahrtausenden in allen Kulturkreisen hoch begehrt ist, - eine Erkenntnis, die der große Dichter Johann Wolfgang Goethe perfekt auszudrücken wusste: ‚ Nach Golde drängt, am Golde hängt doch alles' - wäre das Goldangebot der Notenbanken vermutlich schnell absorbiert. Warum also Goldreserven verkaufen, wenn keine zwingende Notwendigkeit besteht?

Bekanntlich verursachen Goldbarren und ihre Lagerung zusätzliche Kosten, das gilt für den Privatmann genauso wie für Notenbanken. Allerdings haben nur letztere die Möglichkeit, aus ihrem gelagerten Gold Einnahmen zu erzielen, zum Beispiel aus der Goldleihe und aus der offiziellen Münzprägung für Anlagezwecke. Das Recht, Goldmünzen prägen zu lassen, steht allerdings meist dem Finanzminister zu, nicht dem Notenbankpräsidenten (MünzG 2002).

Die Deutsche Bundesbank hat beispielsweise nach eigenen Angaben zwischen 1996 und 2008 Goldleihegeschäfte betrieben und mit den Erlösen die Lagerkosten in den Tresoren der Bank von England abgedeckt. Nach der Finanzkrise 2008 hat sie das Goldleihegeschäft eingestellt. Es war aufgrund stark sinkender Zinssätze unattraktiv geworden. (Deutsche Bundesbank 2012). Goldleihe findet nur zwischen der Notenbank und ausgewählten Geschäftsbanken statt, die ihrerseits während der Laufzeit der Leihe (1 bis 2 Jahre) Investmentmöglichkeiten an den Gold- und Finanzmärkten gewinnbringend für sich nutzen. Private Anleger können keine Goldleihe vereinbaren.

Deutschland entnahm in den letzten Jahren mal 3, mal 4 Tonnen aus der Goldreserve, um daraus Goldmünzen für Sammler und für private Goldanleger zu prägen. Die USA entnehmen etwas mehr, zum Beispiel 40 t aus ihrem Goldschatz, um daraus den American Eagle und andere Goldanlagemünzen zu prägen, abhängig von der jeweiligen Nachfrage (siehe Tab. 17) (Deutsche Bundesbank 2013, 2015, 2017, U.S. Geological Survey, U.S. Treasury)

Exkurs: Ein gutes Beispiel des Notenbankverhaltens am Goldmarkt lieferte die *Schweizerische Nationalbank SNB*. Als sie zwischen 2000 und 2005 rund 1300 Tonnen Goldbarren wie geplant verkaufte, erzielte sie dafür im Durchschnitt 350 US-$ je Feinunze. Angesichts des rasanten Goldpreisanstiegs ab 2007 ein relativ niedriger Preis. Das Direktorium erläuterte seinen Aktionären, dass der Zeitpunkt des Goldverkaufs von Faktoren bestimmt war, die die Notenbank nicht vollständig unter Kontrolle hatte. Eine Randbedingung war z.b. das Washingtoner Agreement der Notenbanken, Central Bank Agreement (CBA) von 1999, das die jährliche Verkaufsmenge stark beschränkte. Eine andere waren die falschen Prognosen und Erwartungen zum Goldpreis. Eine Preisrallye hatte Anfang 2000 niemand vorhergesehen.

Die 1040 Tonnen, die die Schweiz heute noch als Goldreserve hält, liegen zu 70 Prozent in der Schweiz, zu 20 Prozent bei der Bank von England, zu 10 Prozent bei der Zentralbank von Kanada. Das Gold soll das Bilanzrisiko mindern und eine stabile Reserve im Vergleich zu den Reserven in Auslandswährungen wie Dollar, Euro, Yen oder Pfund bilden (Rede des SNB-Präsidenten Thomas Jordan auf der Generalversammlung am 26.4.2013).

24. Was versteht man unter dem Goldstandard?

Diese Frage richtet sich eigentlich nur noch an Historiker, denn der Goldstandard gehört der Vergangenheit an. Bis zum Ersten Weltkrieg spielte er eine große Rolle, danach zeigten sich mehr und mehr seine Schwächen. Nach dem Zweiten Weltkrieg wurde er vom Gold-Devisen-Standard im Rahmen der Wechselkursvereinbarungen von Bretton-Woods abgelöst. Mit der Freigabe der Preisfindung im Goldmarkt und der Aufgabe der Notenbanken, einen fixierten Goldpreis unter allen Umständen zu verteidigen, hatte Gold als Währungsmetall 1971 endgültig ausgedient.

Historisch betrachtet, lag der Wert des Goldes über Jahrhunderte in seiner Verwendung als Währungsmetall, die Goldreserven der Notenbanken dienten als Ausdruck der Werthaltigkeit und Stabilität der jeweiligen Landeswährung.

Zwischen 1870 und dem Ersten Weltkrieg wurde der Wert einer Währungseinheit in einer gesetzlich festgelegten Goldmenge ausgedrückt. Diesen klassischen Goldstandard hatten schließlich weit über 50 Länder eingeführt, bevor der Erste Weltkrieg dem System ein vorläufiges Ende setzte. Es galten einige wichtige Randbedingungen:

- Gold bzw. Goldmünzen waren alleiniges gesetzliches Zahlungsmittel. Die geprägten Goldmünzen enthielten den aufgeprägten Geldwert an Gold.
- Anderes Geld wie Banknoten wurde jederzeit von der Notenbank in Gold umgetauscht.
- Gold war frei zu importieren und als Goldmünzen zu prägen.
- Durch Einschmelzen und Importieren von Gold ließ sich die umlaufende Geldmenge dem volkswirtschaftlichen Bedarf anpassen.
- Alle Währungen des Systems Goldstandard basierten auf Gold, so dass der Kurs jeder Währung durch den Goldgehalt bestimmt war. Die Umrechnung von einer Währung in die andere erfolgte über den gesetzlich definierten Feingoldgehalt in Gramm (Goldparität).

Der Nachschub an Gold für die Zentralnotenbanken kam damals nahezu vollständig aus Südafrika, von den ergiebigen Goldminen des Witwatersrand bei Johannesburg. Die Bank von England hatte die kontinuierliche Belieferung Londons und die Konditionen des Goldankaufs mit der South African Reserve Bank ausgehandelt und organisiert. Damit hielt sie eine Schlüsselrolle im damaligen Goldmarkt inne.

Die Zeit des klassischen Goldstandards fand viel Zuspruch, da es relativ stabile Wechselkurse gab, Geldmenge und Preise schienen sich selbsttätig innerhalb dieses Systems zu korrigieren, ohne große Eingriffe der Notenbanken oder Regierungen. Dieser Anschein entsprach wohl nicht ganz der Wirklichkeit, wie Wirtschaftshistoriker inzwischen belegen können (Bott 2013)zum Beispiel).

Nach dem Ersten Weltkrieg – während des Krieges war die Gold-Konvertibilität aufgehoben – galt die Rückkehr zum Währungsmetall Gold als das beste Vehikel, an den relativen Wohlstand der Vorkriegsära wieder anzuknüpfen. Als der Welthandel stark anzog, reichten die monetären Goldreserven jedoch bald nicht mehr aus, volle Golddeckung zu garantieren. Die meisten Länder wechselten daher zum Gold-Devisen-Standard. Die Goldumlaufwährung, in der Goldmünzen als alleiniges gesetzliches Zahlungsmittel umlaufen, wurde durch die Goldkernwährung abgelöst.

Die Notenbanken hielten ihre Reserven jetzt in Gold und Devisen, insbesondere in den Leitwährungen der Zeit, in britischem Pfund und US-Dollar. Beide Währungen waren weiterhin in Gold umzutauschen, allerdings nicht mehr allzu lange. Die Bank von England hob 1931 die Einlösegarantie auf; die USA setzten 1933 die Gold-Konvertibilität aus.

Heute können wir uns ein Verbot des privaten Goldbesitzes kaum vorstellen. Es gab in der Vergangenheit jedoch immer wieder solche Zeiten. In Währungskrisen mit massiven Gold-abflüssen, wenn also monetäres Gold knapp wurde, war ein Verbot des privaten Goldbesitzes eine schnelle Maßnahme, dem Engpass kurzfristig entgegen zu wirken. Zum Beispiel galt das Verbot in den USA ab 1935; es wurde erst 1974 offiziell aufgehoben. Auch die Weimarer Republik und der Nationalsozialismus griffen zu Verboten. Politisch-ideologische Gründe machten privaten Goldbesitz ebenfalls unmöglich, so unter Mao in China oder während des Kommunismus im Ostblock.

Die Rückkehr zum Goldstandard nach dem Ersten Weltkrieg scheiterte an verschiedenen Faktoren, wie Wirtschaftshistoriker belegen können. Eine Reihe von Ländern wählte beispielsweise unpassende Goldwerte als Umrechnungsgröße für ihre Währungseinheit, die dahinter stehende Wirtschaftskraft wurde völlig überbewertet, beispielsweise Italien und Großbritannien machten diesen Fehler. Frankreich unterbewertete bewusst und erreichte optische Zahlungsbilanzüberschüsse, erhöhte jedoch dadurch den inflationären Druck.

Nach dem Zweiten Weltkrieg wollte man ein Wechselkurssystem mit hoher Stabilität einführen und die Vorteile des Goldstandards mit den Vorteilen flexibler Wechselkurse verbinden. In den Vereinbarungen von Bretton Woods/USA (1944) kehrte Gold als Währungsanker zurück; Notenbanken und Regierungen des Bretton Woods Systems konnten jederzeit ihre Dollarreserven zu einem fixen Goldpreis von 35 Dollar je Feinunze bei der amerikanischen Notenbank tauschen. Die übrigen wichtigen Währungen im Wirtschaftsgeschehen, wie DM, FF, Lira, BF, Gulden orientierten sich innerhalb einer engen Bandbreite am Dollar oder am britischen Pfund (GBP), der Währung des täglichen Goldfixings in London seit 1919.

Mit diesen Regelungen war der Dollar ins Zentrum des Weltwährungssystems gerückt. Solange der Dollar knapp war, funktionierte dieser Mechanismus ganz passabel.

Doch mit steigenden Dollarschulden im Ausland geriet auch die Stabilität dieses Gold-Devisen-Standards in Gefahr; das Vertrauen in den Dollar sank mit dem sich hinziehenden Vietnamkrieg, der jährlich 30 Milliarden Dollar verschlang. Hohe Kapitalinvestitionen im Ausland benötigten immer mehr Dollar. Der wachsende Weltmarkt verwendete den Dollar als Handels- und Reservewährung. Ölpreis und Rohstoffe wurden in Dollar abgerechnet. Mit der Einlösegarantie des Dollar in Gold floss immer mehr Gold aus den USA ab.

Auch der Goldpool aus acht Ländern (Großbritannien, USA, Deutschland, Frankreich, Italien, Belgien, Niederlande, Schweiz), der regelmäßig zugunsten der festen Dollar-Gold-Parität im Londoner Goldmarkt intervenierte, geriet mehr und mehr in Bedrängnis. Als das britische Pfund am 18. November 1967 abgewertet werden musste, setzte ein Run ins Gold ein. Die Goldpool-Länder griffen mit immer höheren Goldmengen ein, zuletzt mit 400 t im März 1968. Als Notmaßnahme gegen die heftige Spekulation wurde der Londoner Goldmarkt vorübergehend geschlossen.

Am 17. März 1968 erklärte der Goldpool, er würde kein Gold mehr in den freien Markt abgeben; damit war der Goldpreis faktisch frei geben, der Goldpool brach auseinander und stellte seine Funktion ein. Es gab nur noch einige Nachwehen.

Als dann unter US-Präsident Richard Nixon 1971 das ‚Goldfenster' der Fed New York zur Einlösung von Gold gegen Dollar und umgekehrt geschlossen wurde, war das Ende des Gold-Dollar-Standards auch offiziell bekundet. Gold hatte ausgedient. Es hatte seine Rolle als Reservewährung verloren und war kein Wertmaßstab mehr für Währungen. Gold war wieder das, was es immer gewesen war: ein Rohstoff, ein Mineral mit besonderen chemischen Eigenschaften und ein Edelmetall, das hohe menschliche Begehrlichkeit weckt (‚Steckbrief Gold' im Anhang).

Der Schwachpunkt des Gold-Devisen-Standards war sehr offensichtlich geworden und irreparabel: Während das Dollarangebot vom Federal Reserve System der USA zu steuern war – über den Ankauf und die Ausgabe von US-Staatsanleihen oder Treasury Bills z.B. – war das Goldangebot nicht kontrollierbar. Geologisches Know-how, technische Machbarkeit und Produktionskosten der Minen bestimmten die jährliche Förder- und Angebotsmenge, nicht der schnell wachsende Bedarf der Währungshüter. Das krasse Missverhältnis von Dollarmenge zu Goldreserven trug zur sinkenden Glaubwürdigkeit des Dollarwertes bei. Letztlich war deutlich geworden, dass die Goldbindung einer Währung einfach nicht funktioniert.

Wie rasch das Währungsmetall Gold an Bedeutung verlor, belegen schon wenige Zahlen: Amerika besaß 1949 rund 75 Prozent aller Goldreserven der Notenbanken weltweit, zwanzig Jahre später, Ende der 60er Jahre waren es weniger als 30 Prozent (Bernstein 2000).

Als Amerika Ende 1967 Schulden im Ausland über 33 Mrd. Dollar hatte und der Goldstock sich wertmäßig auf 12 Mrd. Dollar reduziert hatte, war die Fähigkeit erschöpft, die Gläubiger in Gold zu bedienen. Ein damaliges Bonmot lautete: „Es ist, als sagte man einem Mann mit Glatze, er solle seine Haare kämmen." (zugeschrieben Jacques Rueff, französischer Finanzexperte und Politiker, am 20.10.1967, kurz vor dem Ende des Goldpools, als die Interventionen zugunsten eines festen Goldpreises kaum noch wirkten (Bernstein 2000).)

Zur Historie des Goldstandards gibt es viele interessante Bücher und Aufsätze, die die Entwicklungslinie vom 19. Jahrhundert bis 1971 nachzeichnen, die Rolle des Goldes bewerten und auch die Denkweise der damaligen Politiker und Notenbanker beleuchten, zum Beispiel (Green 1987; Bernstein 2000; Bott 2013; WGC 2014)(Bordo and Schwartz 2009).

Die Psychologie des Goldes

25. Stimmen die üblichen Kaufargumente?

❖ **Gold ist ein Inflationsschutz**

Dieses Argument hört man oft, ist es deshalb auch richtig und wahr? Schützt eine Goldanlage tatsächlich vor dem Risiko eines inflationsbedingten Verlustes, also vor der Gefahr, dass ich als Anleger einen Vermögensverlust erleide, weil meine Geldanlage sich niedriger verzinst als die Inflationsrate?

Wie in Frage 9 gesehen, verzinst sich Gold überhaupt nicht. Von dieser Seite kann kein Inflationsschutz kommen.

Schützt eine Goldanlage dann eben, weil die Wertsteigerung höher ausfällt als die Inflationsrate? Die Wertsteigerung, also die Preissteigerung des Goldes müsste mindestens so hoch ausfallen wie die kumulierten jährlichen Inflationsraten während der tatsächlichen Haltezeit. Ganz schlicht ausgedrückt: Nach dem Goldverkauf könnten wir für das erhaltene Bargeld dieselbe Menge an Waren kaufen wie in der Vergangenheit, beim Kauf von Gold gegen Papiergeld. Der Kaufkraftschwund wäre ausgeglichen.

Nun notiert der Goldpreis in US-Dollar. Müssten wir die US-amerikanische Inflationsrate zu Rate ziehen? Eher nicht, wir haben in unserer Heimatwährung, in Euro, Goldbarren gekauft, und wollen beim Verkauf auch Euro zurück erhalten. Die inländische Euro-Inflationsrate ist daher sinnvoll.

Die Inflationsrate in Deutschland liegt derzeit sehr niedrig, deutlich unter 2 Prozent, das ist günstig für Goldanleger. Aber alle Erfahrungen, volkswirtschaftlichen Erkenntnisse und Maßnahmen der Europäischen Zentralbank EZB legen nahe, dass diese niedrige Rate kein Dauerzustand bleiben wird.

Angenommen, wir hätten in der Preisrallye im Sommer 2010 oder später gekauft. Dann hätte unser Goldinvestment bisher keine Wertbeständigkeit und keinen Inflationsschutz zu bieten wie Tabelle 33 an einfachen Beispielen zeigt (ohne Nebenkosten des An- und Verkaufs). Denn seit unserem fiktiven Einstieg ist der Goldpreis in Dollar bisher nur gefallen, je nach Zeitpunkt um 10 bis 30 Prozent. Für einen Anleger

Tabelle 33 – mögliche Preisverluste in Gold, Beispiele für eine Feinunze (LBMA Gold Price p.m. London, monatliche Durchschnitte, leicht gerundete Werte)

Kauf in	Preis in $ netto	Preis in € netto	Verkauf im April 2018: Preis $ (netto)	Preis € (netto)
10/2010	1342 $	966 €	1321 $	1094 €
5/2011	1510 $	1055 €	1321 $	1094 €
9/2012	1744 $	1356 €	1321 $	1094 €
4/2013	1485 $	1140 €	1321 $	1094 €
12/2014	1202 $	974 €	1321 $	1094 €
12/2016	1131 $	1080 €	1321 $	1094 €

in Euro kommt zusätzlich der Wechselkurseffekt ins Spiel, ein Risiko, das nachfolgend noch näher beleuchtet wird. Preisveränderung und Wechselkursveränderung können sich im Einzelfall fast ausgleichen, wie zwei Beispiele in Tab. 33 zeigen. Das muss jedoch nicht passieren, denn Goldpreis und Wechselkurs hängen nicht kausal zwingend zusammen. Im Gegenteil - ein ungünstiger Wechselkurs kann den Preisverlust noch verstärken. Tröstlich ist nur, dass Verluste solange theoretisch bleiben wie wir nicht verkaufen müssen. Es schmerzen jedoch virtuelle Verluste beinahe genauso sehr wie echte realisierte, wie mancher Anleger schon erfahren musste.

Nun ist der betrachtete Zeitraum relativ kurz. Es lassen sich rückblickend Zeiträume auswählen, in denen das Preis- und Inflationsszenario zugunsten des Goldes ausfällt, die Preissteigerung des Goldes die kumulierten Inflationsraten tatsächlich ausgeglichen hat. In jedem Goldgespräch macht es sich demnach gut, genau diese historischen Zeitreihen herauszupicken, die die Behauptung zur Wertbeständigkeit und zum Inflationsschutz belegen können.

Damit haben wir jedoch nur die halbe Wahrheit erfahren. Die andere Hälfte betrifft das Wechselkursrisiko Dollar gegen Euro, ein beachtliches Risiko beim Goldkauf.

Der internationale Goldpreis notiert in US-Dollar und wird danach erst in Euro umgerechnet, zum jeweils tagesaktuellen Devisenkurs.

Erfahrungsgemäß kann der Wechselkurs zwischen zwei Währungen relativ konstant sein, steigen oder sinken. 2013 (Juni) musste man für 1 US-Dollar nur 0,76 Euro hinlegen, im Dezember 2014 bereits 0,82 Euro zahlen (d.h. für 1 Euro erhielt man 1,24 US-Dollar), im Frühjahr 2015 kostete 1 Dollar sogar 0,95 Euro (1 Euro ergab nur noch 1,05 Dollar). Im Mai 2018 dann wieder ein anderes Bild: 1 Dollar brachte 0,84 Euro oder umgekehrt: 1 Euro ergab wieder 1,19 US-Dollar.

In einfachen Worten: Der Dollar hatte sich eine Zeitlang stetig verteuert, bevor er wieder an Wert gegen den Euro verlor. Noch schlichter gesagt: Der Euro hatte gegen den Dollar deutlich verloren, bevor er sich wieder erholte. Trennt sich ein Euro-Anleger ausgerechnet in einer Schwächephase der heimischen Währung von seinem Gold, addiert sich zum möglichen Verlust aus gefallenem Goldpreis unter Umständen noch ein Verlust aus veränderten Wechselkursen. Oder der Verlust verkleinert sich aus einem verbesserten Wechselkurs im Moment des Goldverkaufs. Je nachdem, was zum Stichtag gerade zutrifft. Theoretisch können sich sogar zwei Gewinne addieren, Preissteigerung und Wechselkursgewinn.

Ein privater Goldanleger in Euro geht – ob er will oder nicht - mit zwei Risiken um: Der Veränderung des Goldpreises in US-Dollar und der Veränderung des Wechselkurses Dollar/Euro. Die Inflationsraten in einer Währung, sprich der kumulierte Kaufkraftschwund über eine längere Zeitspanne des Goldbesitzes, bildet eine dritte kritische Größe. Das Gold selbst unterliegt keinem Schwund, Unze bleibt Unze.

Alle drei Risiken stehen in keiner festen kausalen Beziehung. Der Goldpreis hängt nicht vom Wechselkurs Dollar-Euro ab und auch nicht von der Inflationsrate. Der Goldpreis ist auch keine Konjunkturgröße, denn Gold wird industriell immer weniger benötigt. Gold unterliegt vielmehr starken psychologischen Phänomenen: dem Bedürfnis nach Sicherheit für Geldvermögen, dem typischen Verhalten Traditionen zu folgen und auf allzu Bewährtes zurückzugreifen, wenn das Umfeld bedrohlich wirkt und die Zukunftsaussichten schwarz gemalt werden (Thaler and Sunstein 2008; Kahneman 2012; Taleb 2013)(Glimcher and Camerer 2009).

Im Nachhinein, wenn Kauf- und Verkaufspreis feststehen, kann man einige Berechnungen anstellen und daraus Aussagen zum Inflationsschutz und zur Werthaltigkeit des Goldes ableiten. Im Voraus geht das nicht, da bleibt Gold ein reiner Hoffnungswert.

Ob sich positive Preisentwicklungen, wie die Goldrallye 2006 bis 2012, auch in der Zukunft wiederholen werden, ist eine Sache des Glaubens und der persönlichen Erwartung - ohne eine Garantie.

❖ **Gold ist wertbeständig**

Das Vertrauen der Menschen in den Wert des Goldes scheint unerschütterlich. Die Erfahrungen aus Jahrhunderten mit Goldmünzen als Zahlungsmittel und die sehr langen Traditionen, Gold als Ausdruck von Reichtum und Macht zu verwenden, als Symbol für Schönheit und Begehrlichkeit, wirken auch heute noch zuverlässig und nachhaltig.

Gold wurde über Generationen weitergereicht, es überdauert mit seinen besonderen chemischen Eigenschaften auch starke äußere Einwirkungen wie Brand oder Zerstörung. Deshalb kann Gold in den Augen der Menschen auf der ganzen Welt seinen Wert nie vollständig verlieren. Das Edelmetall besitzt anscheinend einen eigenen inneren Wert. Auf jeden Fall wirkt ein Mythos der Beständigkeit, der ein starkes Gefühl der Sicherheit vermittelt. Wir glauben bekanntlich gerne, was plausibel klingt. Gold als wertbeständige Anlageform ist so eine eingängige Narration. Das macht es leicht, auch fest daran zu glauben.

Durch die Brille von Geologen betrachtet, die Goldlagerstätten prospektieren und beurteilen, ob eine Förderung sich lohnen würde, gibt es zahlreiche andere Elemente, Metalle und Minerale in der Erdkruste, die wesentlich seltener sind als Gold, zum Beispiel Platin, Palladium oder Rhodium. Diese Edelmetalle wecken jedoch keine Gefühle der Bewunderung und Begierde wie Gold, obwohl sie teils teurer gehandelt werden.

Sehr nüchtern betrachtet, wie es wahrscheinlich nur Finanzmanager der Bergbaugesellschaften tun, errechnet sich der Wert des Goldes aus den Kosten, das goldhaltige Gestein zu fördern, das Edelmetall herauszulösen, zu reinigen, zu formen und an die Handelsorte zu transportieren. Der Metallwert an der Mine bildet eine Art Untergrenze für den Goldpreis und seine spekulativen Schwankungen (siehe Fragen 5 bis 7).

Rückblickend wurde der Preis des Goldes sehr lange ziemlich stabil gehalten. So setzte Isaac Newton in seiner Funktion als Master der britischen Münze im Jahr 1717 den Goldpreis auf L 3.17s 10d. je Feinunze, das waren rund 3,89 Pfund. Daran änderte sich fast zweihundert Jahre so gut wie nichts, außer kurzfristig in der Zeit der napoleonischen Kriege (National Mining Association 2013).

Auch die US-Regierung hat den offiziellen Goldpreis nur viermal geändert: Es begann mit 19,72 Dollar/Feinunze im Jahr 1792 und endete mit 42,22 Dollar (1971). Das ist alles Historie.

Seit nunmehr 50 Jahren ist der Goldpreis dem freien Markt überlassen. Aber erst 2006 explodierte der Preis und stieg bis 2012 auf immer neue Rekordhöhen. 2013 begann der schnelle Rückzug von den Höchstständen in 2012 (siehe Grafik Preisentwicklung ab 1971 im Anhang). Seit zwei Jahren gibt es eine Seitwärtsbewegung.

Die Werthaltigkeit und Wertbeständigkeit des Goldes ist im Kern ein psychologisches Phänomen, der unerschütterliche Glaube an Gold als werthaltigem Geldsubstitut liefert den wichtigsten Grund. Solange er stabil und unzerstörbar bleibt, wird Gold über weitere Generationen wohl werthaltig bleiben.

❖ **Gold ist krisenfest**

Diese Vorstellung ist weit verbreitet und wird gerne mit dem Bild des sicheren Hafens beschrieben.

Gold steht für die Hoffnung, Vermögensteile unbeschadet durch ökonomische oder politische Stürme zu bringen, ja sogar auf der Flucht mitnehmen zu können. Und am Ende wieder in Währungspapiergeld zu tauschen oder in Gold dauerhaft geparkt weiter zu vererben.

Die Vorstellung der Krisenfestigkeit beruhigt ungemein die Psyche, auch wenn es durchaus Gegenbeispiele gibt. Zum Beispiel die Verbote des privaten Goldbesitzes, in den USA 1935 bis 1974, in Deutschland in der nationalsozialistischen Zeit.

Vor allem physischer Besitz, die Handlichkeit kleiner Barren oder Münzen, verleiht das gute Gefühl, die Notreserve in die Tasche stecken zu können.

Börsengehandelte Goldprodukte wie Zertifikate oder Indexfonds auf Gold erfüllen diese Funktion der Krisenfestigkeit nicht; ein Auslieferungsanspruch oder eine Barabrechnung sind keine Basis für Beständigkeit. Sie nutzen allerdings den Glauben an die Wertbeständigkeit des Goldes für ihre spekulativen Handelszwecke.

❖ Gold ist ein langfristiges Investment

Sehr häufig wird Gold automatisch langfristig liegen bleiben. Viele Menschen trennen sich nur äußerst ungern von einmal erworbenem Besitz, von ihrem Goldbarren mit dem besonderen Nimbus schon gar nicht. Das täte weh, selbst wenn es ökonomisch sinnvoll wäre. Die Psychologie des Besitzens wirkt bei Gold wahrscheinlich stärker als bei jedem anderen Sachgut. Verhaltensökonomen haben dieses hartnäckige Festhalten in vielen Studien ausführlich untersucht und den so genannten Besitztumeffekt bestätigt (Thaler and Sunstein 2008; Kahneman 2012).

Die passende Frage wäre eher: Ist Gold ein sinnvolles langfristiges und wertsteigerndes Investment?

Aus ökonomischer Sicht wohl kaum. Denn Gold wirft keine Zinsen ab. Ob sich das Investment gelohnt hat, lässt sich erst im Nachhinein konkret ausrechnen; dann, wenn man sein Gold verkauft hat und die Differenz aus Kauf- und Verkaufspreis bekannt ist. Ob ein Verkaufsgewinn vorliegt, auch nach Abzug aller Nebenkosten und nach Korrektur um den Kaufkraftschwund der verwendeten Währung, kann niemand voraussehen, schon gar nicht exakt vorausberechnen. Es sind natürlich günstige Annahmen möglich, die Rechenbeispiele gut aussehen lassen. Sich darauf zu verlassen, ist aber äußerst risikoreich und genau das Gegenteil dessen, was eine Goldanlage eigentlich bewirken soll.

Die Entscheidung zum langfristigen Goldinvestment knüpft an die Überlegung an, Gold zu horten und damit Sicherheit für einen kleinen Teil des Vermögens zu schaffen. Unausgesprochen liegt die feste Überzeugung zugrunde, dass Gold werthaltig ist und bleibt, wie in der Vergangenheit so in der Zukunft. Dafür gibt es faktisch keine Garantie, nur eine hohe Plausibilität aufgrund der bekannten und traditionsgeprägten Verhaltensmuster der Menschen.

In aller Kürze – ein Fazit

- Gold ist nicht so selten wie viele denken: Der verfügbare Goldbestand – verteilt bei Privatanlegern, Notenbanken, Schmuckherstellern, Goldhändlern und Industrieunternehmen, beläuft sich auf rund 192.000 Tonnen.

- Die Schätzungen zu den tatsächlichen, förderfähigen Goldreserven in der Erdkruste schwanken. Die Förderung neuen Goldes aus dem Bergbau weltweit wird im 21. Jahrhundert jedoch nicht zu Ende gehen. Zudem sind altes Gold (sprich: wiedergewonnenes Gold) und neues Gold für den Laien nicht zu unterscheiden: Gold ist Gold, ein Element mit besonderen chemischen Eigenschaften.

- Der tatsächliche, realistische Wert des Goldes hängt ab von den Kosten der Förderung für neues Gold im Bergbau der Minengesellschaften. Der Aufwand, Gold aus dem Gestein der Erdkruste herauszulösen, ist enorm. Die Förder- und Verarbeitungskosten sind in den letzten Jahren stark gestiegen. Ein Goldpreis unter 1200 Dollar/Unze macht rund 20 Prozent der aktuellen Goldförderung unwirtschaftlich. Die tatsächlichen All-In-Costs liegen bei 30 Prozent der Goldproduktion bereits näher an 1300 Dollar/Unze, was einer jährlichen Menge von 900 Tonnen Gold entspricht. Diese Kostenhöhe müsste sich nach allem Ermessen mittelfristig in einem steigenden Goldpreis niederschlagen.

- Asien entwickelt sich zum neuen Gold-Zentrum. China ist seit mehreren Jahren wichtigster Goldproduzent und Goldabnehmer zugleich. In Indien spielt der Besitz von Goldschmuck als Geldanlage eine besonders ausgeprägte Rolle.

- Der Goldmarkt ist sehr liquide, solange es keine Verwerfungen gibt. Es finden sich immer Käufer oder Verkäufer. Gold wird am Spotmarkt und auf Terminmärkten gehandelt.

- Die Spekulation in Gold ist ein starker kurzfristiger Preistreiber. Gold dient an der Börse als Basisgut (Underlying) in neuartigen Finanzprodukten; Ein- und Ausstieg sind schnell möglich. Asset Manager folgen häufig Trends und können Preisänderungen dadurch verstärken.

- Steigende oder fallende Goldpreise lösen unterschiedlich schnelle Reaktionen aus. Die kürzeste Reaktionszeit haben die Akteure an der Börse, wie auch in der letzten Goldhausse 2006 bis 2012 überdeutlich wurde. Ihre kurzfristig zusätzliche Nachfrage hat den Preis stark bewegt. Die Wiedergewinnung aus Altschmuck folgt starken Preissteigerungen mit zeitlicher Verzögerung und hängt an markanten Preisschwellen.

- Die Preisentwicklung in der Zukunft ist nicht vorhersagbar; je kürzer der Prognosezeitraum desto eher werden Erwartungen erfüllt. Das psychologische Verhalten der Menschen gegenüber Gold wirkt als ein wichtiger Impuls auf den Preistrend. Festes Vertrauen und der Glaube an den Mythos Gold als ewig wertbeständigem Edelmetall, das immer einen Käufer finden wird, machen aus dem Rohstoff ein Anlagegut.

- Preisprognosen drücken immer nur Erwartungen aus, wenn die Welt so bleibt, wie sie gerade ist. Zufällige extreme Ereignisse machen jede Prognose hinfällig und falsch. Das gilt auch für den Goldpreis. Die Finanzkrise 2008 und die Goldpreis-Rallye bis 2012 hat niemand vorhergesehen.

- Gold dient nicht mehr als Währungsmetall. Der Goldstandard wurde 1971 endgültig aufgegeben. Notenbanken verfolgen mit ihren Goldreserven andere Ziele als die Realisierung schneller

Preisgewinne. Sie lagern in der Summe schätzungsweise ein knappes Fünftel des gesamten Goldbestandes in ihren Tresoren.

- Die Begierde nach Gold war bisher immer größer als die Bereitschaft, sich von Goldbesitz wieder zu trennen. Das jährliche Goldangebot im Markt wurde stets absorbiert, obwohl bereits zwei Drittel der 192.000 Tonnen Gold, die aus der Erde bisher herausgeholt wurden, in privater Hand liegen.

Anhang

Steckbrief Gold

Geologisch

Gold ist ein relativ seltenes Edelmetall der Erdkruste; man vermutet, dass es tief im Erdinneren häufiger vorkommt, weil sein hohes spezifisches Gewicht es bei der Entstehung der Erde hat absinken lassen. Diese möglichen Vorkommen sind für den Menschen unerreichbar.

Gold kommt meist in kleinsten Hohlräumen des Gesteins fein verteilt vor, es gibt bisweilen auch Goldadern im Gestein, die gut sichtbar sind. Zum Beispiel in Südafrika, wo sie im Untertagebau herausgelöst werden. Nuggets, kleine Goldklumpen, sind selten; dieses Gold wird ausgewaschen und im Flusswasser mitgeschwemmt.

In der Regel muss erst das goldhaltige Gestein in großen Gesteinsmühlen zerkleinert werden; danach folgt die Laugung in einem chemisch-physikalischen Prozess mit Hilfe von Cyanid-Lösung. Dazu gibt es heute hohe Umweltschutz-Vorschriften. Das erhaltene Rohgold, Dorégold genannt, wird als Barren geformt und verlässt die Mine. Dorégold glänzt noch wenig, es ist immer noch leicht verunreinigt, aber schon eine gefragte und teure Handelsware.

Raffinerien und Goldscheideanstalten verarbeiten es weiter zu Feingold der unterschiedlichen Feinheitsstufen (siehe Maße und Gewichte). Die höchste Qualitätsstufe beträgt 999,9 Teile Gold auf 1000 Teile Masse. Die Qualitätsstufe bei Standardbarren von 400 Unzen liegt bei mindestens 995 Teilen, wie es die LBMA verlangt für die Zulassung zu ihrer Good-Delivery- Liste.

Der Transport von Goldbarren ist aufwändig und teuer. Deshalb nutzt der Großhandel eigene Finanzinstrumente wie den Location Swap und Quality Swap, ein Tausch von Orten (loco London, Hongkong, Zürich, New York usw.) oder von Qualitätsstufen gegen Gebühr, ohne dass Barren über Distanzen tatsächlich bewegt werden müssen.

Chemische Eigenschaften

Symbol   Au - aurum (lateinisch)
Schmelzpunkt $1064°C$
Dichte $19,32\ g/cm^3$
Ordnungszahl   79
Atomgewicht $196,967\ u$

Besondere Eigenschaften: niedrige Härte, höchste Dehnfähigkeit, gut zu legieren mit Metallen, extrem oxidationsbeständig, sehr säurebeständig, chemisch nicht lösbar (außer in Cyanidlösung oder Königswasser), gut gießbar, sehr gute elektrische Leitfähigkeit.

Handelsplätze für Gold

Neben London, dem bekanntesten Handelsplatz für Gold, gibt es eine ganze Reihe weiterer wichtiger Golddrehscheiben in der Welt, z.B. New York, Mumbai, Shanghai, Hongkong, Tokio, Dubai, Zürich und andere mehr.

Deutschland spielt im internationalen Goldhandel keine besondere Rolle, obwohl es hier eine bemerkenswerte Tradition in Gold gibt, vor allem für Schmuck- und Industriegold. Pforzheim am Nordrand des Schwarzwaldes nennt sich noch heute die Goldstadt. Gold- und Silberscheideanstalten hatten und haben einen guten Namen, etliche finden sich in der Good-Delivery-Liste der LBMA London. Die weithin bekannte Degussa, Deutsche Gold- und Silber-Scheideanstalt, ist inzwischen im Umicore-S.A.-Verbund (Belgien) aufgegangen. Die im Privatkundengeschäft tätige Degussa Goldhandels GmbH verwendet die Markenrechte, Eigentümer der Rechte ist eine Bank.

Maße und Gewichte

Im internationalen Edelmetallhandel wird die Feinheit, der reine Goldgehalt, nach Tausendsteln bemessen. Barrengold der Feinheit 999,90 (bezogen auf 1 Tausendstel) ist die reinste Form Gold zu erwerben. Es gibt auch andere Feingehalte, z.B. 995,0, also 99,50% Goldanteil. Beim Kauf ist auf diesen Feingehalt zu achten, der Preis richtet sich nach dem Feingoldgehalt und dem Gewicht. Das Standardgewicht ist traditionell die Feinunze, Troy Unze (oz), sie entspricht 31,1035 Gramm (praxisüblich).

Die Schmuckbranche verwendet nach wie vor ihre eigene Feinheitsbezeichnung. Danach entsprechen 24 Karat dem Feingehalt von 999,90 Tausendstel. 22 Karat sind 916,67 Tausendstel, ein in Indien gebräuchlicher Feingehalt. In Europa sind 750er Schmuckgold oder 18 Karat beliebt.

Ein kleiner Hinweis: Karat ist die Bezeichnung für Gold; Carat wird im Diamanten-Handel verwendet.

Andere Länder, andere Sitten: In einigen Ländern Asiens hält sich die Gewichtsbezeichnung Tael; ein Tael (modern) entspricht rund 37,43 g in Hongkong, in Singapur 37,79 g, in Vietnam 37,5 g. Im indischen Raum und in den VAE ist es die Tola; eine Tola sind 11,664 g.

Umrechnungstabellen

Tabellen 34 und 35 - Gold-Gewichte und Karat in Tausendstel

Gewicht	Umrechnung
1 Feinunze (oz)	31,1034768 g
1 Kilo	32,1507 Unzen
12,5 kg Barren	400 Unzen
1 Tonne	32.150 Unzen

www.heraeus-edelmetallhandel.de/umrechnungsfaktoren

Gewicht	Umrechnung
1 Karat	41,67 Tausendstel
14 Karat	583,33 Tausendstel
18 Karat	750,00 Tausendstel
22 Karat	916,67 Tausendstel
24 Karat	999,90 Tausendstel

Die Goldpreisentwicklung

Grafik 17 - Goldpreis seit 1971 nominal (dunkelgrau) und real (inflationsbereinigt, hellgrau) (Jahresdurchschnittspreise, LBMA/ (Officer and Williamson 2009)

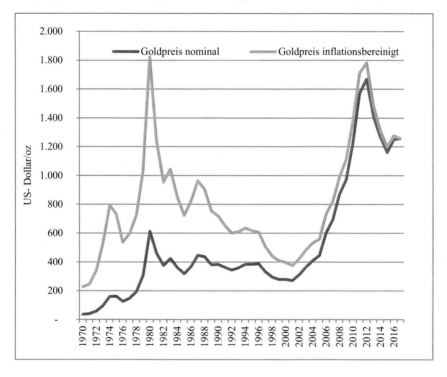

Verzeichnis der Tabellen und Grafiken

Tabelle 1 – Neues Gold aus dem Bergbau weltweit

Tabelle 2 – Goldnachfrage nach Käufergruppen

Tabelle 3 – Investments in Barren und Münzen, in Tonnen

Tabelle 4 – Investment in Barrengold (physisch) nach Regionen

Tabelle 5 – Gold für die Schmuckfertigung

Tabelle 6 – Feingoldschmuck, Verkäufe im Einzelhandel

Tabelle 7 – Gold in der Industrie

Tabelle 8 – Gold in der Elektronikbranche

Tabelle 9 – Gold aus der Wiedergewinnung

Tabelle 10 – Gold-Recycling, Goldminenangebot, physische Goldnachfrage (Schmuck Investment Industrie)

Tabelle 11 – Goldproduktion nach Ländern in 2005 und 2015

Tabelle 12 – Lagerstätten von mehr als 1 Mio Unzen Gold in situ

Tabelle 13 – Goldproduktion 2015 gesamt und aus den 200 Minen mit mehr als 1 Million Unzen Ressourcen

Tabelle 14 – Die zehn größten Goldbergbauunternehmen in 2015

Tabelle 15 – Goldproduktion der 50 wichtigsten Produzenten in 2015

Tabelle 16 – Preisunterschiede bei Kleinbarren

Tabelle 17 – Gold für offizielle Anlagemünzen (Bullion Coins)

Tabelle 18 - Zum Vergleich: Goldbarren-Investments physisch

Tabelle 19 – Bullion coins, Beispiele

Tabelle 20 – Preisunterschiede Bullion coins, in Euro

Tabelle 21 – Beispiel Goldmünzen-Serie ‚20 Euro Deutscher Wald'

Tabelle 22 – Gold-Wertpapiere

Tabelle 23 – Zertifikate und Hebelprodukte mit Gold als Basisgut, Bsp.

Tabelle 24 – Gold-ETC (Privatanleger)

Tabelle 25 – Gold-ETC/ETF, Rückgabe von Barren (in t)

Tabelle 26 – Gold der Notenbanken, Ende 2017

Tabelle 27 – Regionale Verteilung der Goldreserven

Tabelle 28 – Verwendung der Goldbestände

Tabelle 29 – Gold der USA

Tabelle 30 – Bundesbank-Gold, Lagerstellen

Tabelle 31 – Goldverkäufe einzelner Notenbanken

Tabelle 32 - Goldkäufe einzelner Notenbanken

Tabelle 33 – Preisverlust Gold, Beispiele für eine Feinunze

Tabelle 34/35 – Goldgewichte und Karat in Tausendstel

Grafik 1 – Goldpreis über 17 Jahre (2000-2017)

Grafik 2 – Verfügbarer Goldbestand

Grafik 3 – Goldpreis und Goldnachfrage

Grafik 4 –Altgold weltweit

Grafik 5 – Altgold Beispiel Deutschland

Grafik 6 – Cash Cost Anteile in Prozent nach Regionen, Bsp. Goldcorp.

Grafik 7 – Entwicklung der Cash Costs nach Regionen, Beispiel Barrick

Grafik 8 - All-In Sustaining Costs AISC der großen Goldförderer

Grafik 9 – Cash Costs und All In Costs der Welt-Goldförderung

Grafik 10 – Preisaufschläge bei Kleinbarren

Grafik 11 – Goldpreis seit 1971 in US-Dollar

Grafik 12 – Gold unterlegte ETF/ETC (Gold-Indexfonds Börse)

Grafik 13 – ETF/ETC-Goldbestand – Veränderungen in der Preisrallye

Grafik 14 - ETC-Gold kommt zurück in den Markt

Grafik 15 – historische Goldkäufe der Notenbanken

Grafik 16 – historische Goldverkäufe

Grafik 17 - Goldpreis nominal/real seit 1971

Weiterführende Literatur

Barrick Corp (2015) Annual Reports 2004-2015

Baur DW, McDermott T (2010) Is gold a safe haven? International evidence. Journal of Banking and Finance.

Bernstein PL (2000) The power of gold. The history of an obsession. Wiley New York

BGR Bundesanstalt für Geowissenschaften und Rohstoffe (2014, 2015) Rohstoffberichte, Mineralische Rohstoffe, Hannover. www.bgr.bund.de

Bordo MD, Schwartz AJ (2009) A Retrospective on the Classical Gold Standard, 1821-1931. University of Chicago Press

Börse Frankfurt (2015/16) Indizes, Dax historisch. Frankfurt

Bott S (Hg) The global gold market and the international monetary system from the late 19th century to the present. Actors, networks, power. Palgrave McMillan London

Bundessteueramt (2010) Besteuerung privater Veräußerungsgewinne. Veräußerung beweglicher Wirtschaftsgüter (Gold)

Canadian Institute of Mining, Metallurgy and Petroleum (2014) Standards and Guidelines

Capie F, Mills TC, Wood G (2005), Gold as a hedge against the dollar. Journal of International Financial Markets, Institutions and Money

CFTC U.S. Commodity Futures Trading Commission. Guide to the Language of the Futures Industry. Education Center Glossary. www.cftc.gov

Deutsche Börse Group (2014/15) Dax Indizes.www.dax-indices.com

Deutsche Bundesbank (2013, 2015, 2017) Geschäftsberichte 2013, 2015, 2017

Deutsche Bundesbank (2012) www.bundesbank.de /Gastbeitrag C.-L. Thiele ‚Das goldene Erbe liegt sicher in Tresoren', 24.11.2012

Deutsche Bundesbank Euro-Sammlermünzen (2014-2017)

Deutscher Derivate Verband (2017) Zertifikatebranche in Zahlen, www.derivateverband.de

Europäische Zentralbank European Central Bank (2016) Statistics. www.ecb.europa.eu

Euwax Gold (2018) Börse Stuttgart Euwax-Gold-Angebot. www.euwax-gold.de

Fed NY (2015) Gold Tour. www.newyorkfed.org/goldvault

Frimmel HE (2008) Earth's continental crustal gold endowment. Earth Planet Sci Letter 267:45-55

GFMS Gold Survey 2013 bis 2018, Thomson Reuters GFMS, London

Glimcher PW, Camerer CF (2009) Neuroeconomics. Decision Making and the Brain. Elsevier, Amsterdam, Boston

Goldcorp (2014) Goldcorp Denver Conference Presentation

Goldcorp Unternehmensbericht 2017

Green T (1987) The prospect for Gold. The view to the year 2000. Rosendale Press London

IMF International Monetary Fund (2014) Gold Facts fact sheet. Washington. www.imf.org

IMF International Monetary Fund (2014/15) IMF template on international reserves

Kapitalanlagegesetzbuch KAGB (2013) Kapitalverwaltungsgesellschaft. Funktion Aufsicht Anlagegrenzen

Kahneman D (2012) Schnelles Denken, langsames Denken. Siedler München

Kitco Online-Informatinsdienst rund um Gold und Edelmetalle. Kitco Inc.

Kleine J, Munisso A (2012) Transaktionskosten- und Distributionskostenanalyse Gold. Steinbeis Research Center for Financial Services, München

LBMA (2016) Pricing and Statistics. www.lbma.org.uk/pricing-and-statistics. Accessed 23 March 2016

LBMA (2016) The London Bullion Market Association. Good Delivery List Gold

Mining News (2014) Mining News, Mining Companies & Market Information. www.mining.com. Accessed 27 Jan 2015

Moritz K-H (2012) Geldtheorie und Geldpolitik. Vahlen, München

MünzGesetz 2002 BGBl I S. 2402. Bundesfinanzministerium

Müssig K (Red., 1988) Bank-Lexikon. Handwörterbuch für das Geld-, Bank- und Börsenwesen. 10. Aufl., Dr. Th. Gabler Verlag Wiesbaden

National Mining Association (2013) Historical Gold Prices. In: pdf historical gold prices – 1833 to present. www.nma.org.pdfgoldhisgoldpricespdf. Accessed 19 Jan 2015

Natural Resource Holdings Research (2014) Global Gold Mines and Deposits 2013 Ranking. NRH Ltd.

Neukirchen F, Ries G (2014) Die Welt der Rohstoffe. Lagerstätten, Förderung und wirtschaftliche Aspekte. Springer Spektrum Berlin, Heidelberg

North M (2009) Kleine Geschichte des Geldes. Vom Mittelalter bis heute. CH Beck, München

Officer L, Williamson S (2009) Measuring Worth. Purchasing Power of Money in the US from 1774 to 2008. In: Purch.Power Money US 1774 2008. Accessed 9 March 2015

Perth Mint (2015) Goldmünzen Sammlermünzen Australien. www.perthmint.com.au

Rand Refinery (2015) Krugerrand Südafrika. www.randrefinery.com

Reckinger G, Wolff V (2011) Finanzjournalimus. Handbuch Journalismus. UVK Konstanz

Royal Canadian Mint (2015) Maple Leaf, Goldmünzen, Sammlermünzen. www.mint.ca

Schmölders G (1982) Psychologie des Geldes. Langen Müller München

SNB, Hildebrand P (2006) Die Goldverkäufe der SNB. Lehren und Erfahrungen. Vortrag LBMA Konferenz Montreux Juni 2006. www.snb.ch

SNB, Jordan T (2013) Rede des Präsidenten des Direktoriums auf der Generalversammlung der Aktionäre am 26.4.2013 zum Thema ‚Gold als Teil der Währungsreserven der Nationalbank'. www.snb.ch

Steinbeis Research (2012) Transaktionskosten Gold. Siehe Kleine, Munisso (2012) Transaktions- und Distributionskostenanalyse Gold.

Taleb NN (2013) Narren des Zufalls. Die unterschätzte Rolle des Zufalls in unserem Leben. btb München

Thaler RH, Sunstein CR (2008) Nudge. Improving Decisions about health, wealth and happiness. Yale University Press, New Haven

The Economist (2013) The monolith and the markets. The Economist 24-26

Thomson Reuters GFMS Gold Survey Annual Reports 2013-2016 and Quarterly Reports 2014-2016. London

US Geological Survey (2013, 2014) USGS Minerals Yearbook, Gold. www.minerals.usgs.gov/minerals/pubs/commodity/gold. Accessed 19 Jan 2015

U.S. Mint (2015) Programm Goldmünzen. www.usmint.gov/minerals/downloads/mint_programs/ accessed 28 Jan 2015

U.S. Treasury (2014/16) Status report of U.S.-Treasury- owned Gold. www.treasury.gov

WGC (2013a) Guidance note on non-GAAP metrics – all-in sustaining costs and all-in costs. World Gold Council London. www.gold.org

WGC (2013b) China's gold market: progress and prospects. Report World Gold Council, London

WGC (2018) World Gold Council - Informationen zu Gold und zum internationalen Goldmarkt. World Gold Council, Interessenverband der führenden Bergbaugesellschaften international. www.gold.org

Index

Abgeltungsteuer 50

Agosi Pforzheim 53

All-In Sustaining Costs 29

All-In-Costs 30

Altgold 16

Altgold-Angebot 17

Aurubis Hamburg 53

Barrengold 10

Benchmark 90

Börsen-Gold 72

Bretton Woods/USA 110

Bundesbank Goldreserven 101

C. Hafner Pforzheim 53

Cash Costs 26

Central Bank Agreement 105

COMEX 93

Degussa 54

Diebstahl 69

Elektronikhersteller 15

ETC 81

ETF 88

Fälschung 52

Feinheit 125

Feinunze Umrechnung 125

Förderländer 19, 32

Fördermengen 20

Future 91

Future-Kontrakt 92

Gold als Währungsmetall 96

Goldaktien 86

Gold-Angebot 7

Goldbestand verfügbar 120

Goldförderung 7, 120

Goldinitiative 64

Goldmünzen 38

Goldnachfrage 8

Goldparität 103

Goldpool 111

Goldpreisfixing 66

Goldproduktion 19

Gold-Recycling 16

Goldreserven 97

Goldreserven Notenbanken 98, 100

Goldschmuck 11, 12

Goldstandard 108

Gold-Wertpapiere 75

Good-Delivery- Liste 53, 123

Good-Delivery-Standard 35

Heimerle + Meule Pforzheim 53

Heraeus Edelmetallhandel Hanau 53

Index 89

Industriegold 124

industrielle Goldnachfrage 14

Inflationsschutz 113

Investitionskosten 25

IWF Internationaler Währungsfonds 99

Karat 125

Kleinbarren 35

Knock-out-Produkte 79

Kostenstruktur 25

Lagerstätten 21

LBMA London Bullion Market Association 53

Lieferanspruch 82

Mehrwertsteuer 42, 50

Nachfrage 7

Option 94

Optionsschein 79

physisches Investment 35

Preisprognosen 55

Preisuntergrenze 59

Recycling 16

Refiner 53

Rendite 46

Ressourcen und die Reserven 21

Schmuckgold 10

Schuldverschreibung 81

Schweizerische Nationalbank SNB 107

Spekulation 44, 82

staatliche Prägeanstalten 39

Stockpicking 86

Strukturierte Finanzprodukte 76

Südafrika 19

Terminbörse 91

Termingeschäft 91

Verhaltensökonomie 118

Vermögensbildung 49

Wechselkursrisiko 115

Zahngold 14

Zertifikate 76